11 DE SETEMBRO DE 2001

A queda das Torres Gêmeas de Nova York

SÉRIE LAZULI

RUPTURAS

11 DE SETEMBRO DE 2001

A queda das Torres Gêmeas de Nova York

José Carlos Sebe Bom Meihy

Coordenadora da série

Maria Luiza Tucci Carneiro

Companhia Editora Nacional

Companhia Editora Nacional

presidente	Jorge A. M. Yunes
diretor superintendente	Jorge Yunes
diretora editorial	Beatriz Yunes Guarita
gerente editorial	Antonio Nicolau Youssef
editora	Sandra Almeida
assistente editorial	Giovana Umbuzeiro Valent
revisores	Edgar Costa Silva
	Fernando Mauro S. Pires
	Enymilia Guimarães
editora de arte	Sabrina Lotfi Hollo
assistentes de arte	Claudia Albuquerque
	Priscila Zenari
produtora gráfica	Lisete Rotenberg Levinbook

Lazuli editora

diretor editorial	Miguel de Almeida
editora	Ana Paula Cardoso
diretor de arte	Werner Schulz
capa	Eduardo Burato

Dados Internacionais de Catalogação na Publicação (CIP)
(Câmara Brasileira do Livro, SP, Brasil)

Meihy, José Carlos Sebe Bom
11 de setembro de 2001: o terror como espetáculo da modernidade / José Carlos Sebe Bom Meihy – São Paulo : Companhia Editora Nacional, 2005. – (Série Lazuli rupturas)

Bibliografia.
ISBN 85-04-00882-7

1. Al Qaeda (Organização) 2. Ataques terroristas de 11 de setembro de 2001 3. Terrorismo - Política governamental - Estados Unidos I. Título. II. Série

05-2830 CDD-973.931

Índices para catálogo sistemático:
1. Estados Unidos : Terrorismo : Política governamental
Administração George W. Bush : História 973.931

1ª edição
São Paulo — 2005

Av. Alexandre Mackenzie, 619 • Jaguaré • São Paulo • SP • 05322-000
Tel.: (11) 6099-7799 www.ibep-nacional.com.br editoras@ibep-nacional.com.br

A **SÉRIE LAZULI RUPTURAS** vem incentivar o debate sobre fatos históricos que alteraram os rumos da Humanidade ou de um povo, em particular. Fatos que se tornaram referência, uma espécie de baliza de um novo tempo. Fatos que, constantemente, são lembrados e (re)memorados por terem causado uma reviravolta no cotidiano desta ou daquela sociedade, alterando a ordem universal. Esta questão, necessariamente, nos instiga a repensar a memória histórica e a indagar: qual é a versão do fato que chega até nós?

Por experiência do passado, sabemos que as tradições podem ser "inventadas", como já ressaltou Eric Hobsbawm. Muitas vezes – pelo distanciamento do fato – recebemos versões distorcidas que, repetidas ao longo dos tempos, tornam-se "verdades absolutas". É quando o dito pelo não-dito se impõe, relegando a um segundo plano os testemunhos oculares. Enfim, nossa história é uma história de muitos silêncios, imagens construídas e versões consolidadas. E, nem sempre, a versão ou a imagem-símbolo que "ficaram" são aquelas que expressam a verdadeira dimensão do fato acontecido.

São questões como estas que nos interessam discutir nesta coletânea de títulos direcionados para tempos distintos: o de curta duração, onde tudo oscila a partir de um fato, e o de longa duração, modelado pela persistência das representações coletivas. Optamos por temas que causaram alguma perplexidade por expressarem um cisma para o qual não faltam explicações, muitas vezes contraditórias. Daí o nosso foco sobre as revoluções, invenções, golpes políticos, genocídios e guerras. Este leque se abre para múltiplos campos do conhecimento: história, literatura, artes, arquitetura, fotografia, política, economia, música, esporte, legislação, ciência, culinária, entre tantos outros. Alguns mais provocativos, outros mais sedutores. Enfim, estaremos atentos à dinâmica da História, priorizando os sintomas de inércia das sensibilidades, os desvios e as continuidades, os encantos e desencantos, os momentos de luzes e os tempos sombrios.

Este desafio deve ser compreendido como um despertar para o mundo do conhecimento, voltado para a percepção das conexões e implicações estabelecidas por essas rupturas ao longo da História.

São Paulo, abril de 2005

Maria Luiza Tucci Carneiro
Coordenadora da série

SUMÁRIO

APRESENTAÇÃO

"o mundo jamais será o mesmo depois de 11 de setembro"

(*The New York Times*, 12 setembro 2001)

No ano de 2001, não faltaram jornalistas, reportagens, revistas, que repetissem essa frase, que, de fato, virou uma verdade incontestável. O mundo não seria mais o mesmo depois do maior ataque terrorista feito em solo norte-americano. Aliás, aquele foi o dia mais sangrento da história dos Estados Unidos desde o fim da Guerra Civil (1860 – 1865).

"com o ataque de 11 de setembro inicia-se uma nova era"

(*The Washington Post*, 12 setembro de 2001)

Além dos marcos cronológicos regulares que datam o fim do século XX e o início do XXI, a data de 11 de setembro ficou como referência obrigatória, epílogo de uma trama que dividiu o mundo em duas fases do terrorismo internacional. Com certeza não se pode falar dos eventos daquele dia sem proceder a um exame de suas motivações modernas, que combinam: estratégias, conhecimento tecnológico, serviço de inteligência. Isso implica achar razões que têm raízes distantes no tempo e no espaço.

"11 de setembro foi o dia mais trágico da história recente da humanidade"

(*Los Angeles Times*, 14 de setembro de 2001)

Naquele dia, quatro aviões comerciais foram seqüestrados na cidade de Boston, nos Estados Unidos, sendo que dois atingiram precisamente um dos mais importantes conjuntos de escritórios e negócios, o famoso World Trade Center, em Nova York. Um outro, também Boeing, foi lançado contra o Pentágono, a sede do Departamento de Defesa americano, em Washington, e um quarto avião caiu no estado da Pensilvânia. Além disso, suspeita-se de outros seqüestros/atentados que não chegaram a ser concluídos.

É a história deste dia e dos episódios dramáticos anteriores e que decorreram desta aventura que se pretende contar. Polêmicas, ataques pessoais e institucionais, tramas secretas, compõem um quadro complexo, que, contudo, merece ser examinado a fim de atualizar o debate sobre o futuro da sociedade. Afinal, não se pode ficar alheio ao mais importante tema internacional dos dias atuais.

A DATA E O FATO

QUATRO VÔOS ALUCINANTES

Vôo número 11 da American Airlines

O avião, de número 11 da *American Airlines*, levantou vôo às 7h59, no Logan Airport, em Boston, no estado de Massachusetts, e dirigia-se a Los Angeles, no estado da Califórnia, com 92 passageiros a bordo. De início rumava para oeste, mas, de repente fez uma radical mudança de rota, para o sul, na direção da cidade de Nova York. Num dramático ato de ousadia, a aeronave lançou-se contra a Torre Norte do Edifício World Trade Center, na ilha de Manhattan, às 8h48. No choque morreram todos os passageiros a bordo e uma multidão de outras que se encontravam no prédio, onde, apesar de cedo, havia grande número de pessoas. Às 8h28, segundo uma gravação feita por um tripulante da cabine de comando, que conseguiu acionar o mecanismo que possibilitou ouvir as conversas, um dos atacantes disse: "Não faça besteira. Você não vai ser ferido. Nós temos mais aviões, nós temos mais aviões..." Mais tarde o líder do grupo foi identificado pela Polícia Federal Americana (FBI) como

Mohammed Atta, que possuía passaporte dos Emirados Árabes Unidos e que tivera aulas de pilotagem nos Estados Unidos com alguns dos outros supostos seqüestradores.

Vôo número 175 da United Airlines

O vôo, de número 175 da United Airlines, partiu às 7h58 de outro aeroporto, de nome Meanwhile, também em Boston, e este jato atingiu a Torre Sul do mesmo conjunto, o World Trade Center, minutos depois da primeira colisão na Torre Norte, às 9h03 da manhã. Neste choque morreram todas as 65 pessoas que estavam a bordo, além de muitas outras que já estavam trabalhando. Num ato de desespero, antes do espetacular arremesso da aeronave à Torre, houve dois chamados telefônicos: um, do passageiro Peter Hanson, que por meio de celular ligou para seus pais dizendo que seqüestradores haviam esfaqueado um dos tripulantes e assumido a direção do vôo. Outra chamada foi feita possivelmente por uma aeromoça ao serviço de atendimento de emergências aéreas e revelou que seus colegas foram feridos.

Vôo 77 da American Airlines

Outro Boeing, 757, que havia saído às 8h10 do aeroporto Dulles, em Washington, rumo a Los Angeles, chocou-se com o prédio do Pentágono, às 9h40, matando todas as 64 pessoas a bordo, além de outras 190 que estavam em terra. Este vôo, arremessado a um dos maiores símbolos do poder norte-americano, logo que saiu do solo procedeu a um giro de 270 graus em direção ao Pentágono, causando o desabamento de cinco andares da sede do departamento de Defesa Americano. Nesta aventura foram identificados os seqüestradores Khalid al-Midhar, Majed Moqed, Nawaq al-Hamzi, Salem al-Hamzi e Hani Hanjour, este o suposto piloto do grupo. Por se tratar de um alvo político altamente privilegiado, duas situações merecem destaque: uma, a ousadia da ação terrorista e outra, a fragilidade da defesa do prédio, quando caças da força aérea americana não conseguiram interceptar a aeronave acusada pelos radares. Entre os passageiros, estava Barbara Olson, mulher do Advogado-geral americano Theodore Olson, que em duas ligações feitas por meio de celular, ao marido, disse que os seqüestradores traziam facas.

Vôo 93 da United Airlines

O avião que caiu às 10h03 na Pensilvânia, a 128 quilômetros de Pittsburgh, havia deixado às 8h01 o aeroporto de Newark, no estado de Nova Jersey. Seu destino era San Francisco, na Califórnia, e tinha 45 pessoas a bordo, sendo que todas morreram. Acredita-se que os seqüestradores tenham dominado o avião armados com facas e uma caixa, que diziam conter uma bomba, e o alvo seria, provavelmente, a capital, Washington.

Pelo menos quatro passageiros telefonaram para parentes e serviços de emergência. Entre eles, estava o gerente de vendas Jeremy Glick, que disse a sua mulher que, junto com outros passageiros, havia decidido combater os seqüestradores. Além dele, outro passageiro, Thomas Burnnet, declarou a sua mulher: "Eu sei que todos vamos morrer... Três de nós vamos fazer alguma coisa". Acredita-se que esses passageiros tenham evitado que o avião atingisse o alvo escolhido. Neste caso específico, apesar da versão oficial, muitas teses circulam dizendo que o avião poderia ter sido derrubado por caças americanos, ou mesmo que uma bomba teria explodido a bordo antes que a aeronave atingisse o solo. A ação coordenada revelou um minucioso planejamento, mas, com certeza, o seqüestro se deu com homens armados modestamente, munidos de simples facas.

SEQÜÊNCIA DOS FATOS DO DIA 11 DE SETEMBRO

(segundo a agenda dada pela BBC de Londres (horários e números têm alguma variação de acordo com diferentes fontes):

7h58 – vôo da United Airlines (UA) número 175 saiu de Boston para Los Angeles;

7h59 – vôo da American Airlines (AA) número 11 saiu de Boston para Los Angeles;

8h01 – vôo 93 da United Airlines deixou o aeroporto de Newark, rumo a San Francisco;

8:10 – vôo 77 da United Airlines saiu do aeroporto de Dulles, rumo a Los Angeles;

8h48 – vôo 11 da AA atingiu a Torre Um (norte) do WTC em NYC;

9h03 – O vôo 175 da UA atingiu a Torre Dois (sul) do WTC em NYC;

9h38 – O vôo da AA 77, saído de Washington D. C., para Los Angeles, atacou o Pentágono;

9h48 – O Capitólio e a Asa Oeste da Casa Branca foram evacuados;

9h49 – A *Federal Aviation Administration* ordenou que todas as aeronaves em operação nos Estados Unidos baixassem ao solo;

9h58 – O vôo da UA de número 93 caiu no solo, explodindo;

9h59 – A primeira Torre atacada do World Trade Center caiu;

10h29 – A segunda Torre atacada do WTC de NYC caiu;

20h30 – O Presidente George W. Bush discursou para a nação, dizendo que "os ataques terroristas podem abalar as fundações de nossos maiores edifícios, mas não podem tocar nas fundações dos Estados Unidos".

BALANÇOS

As mortes

O choque motivado pelos ataques deixou um rastro de morte. Os primeiros números extrapolaram o montante, chegando a se falar em mais de 5 mil falecimentos. As recontagens e atualizações das listas, contudo, reduziram esse número para 2.792 e, finalmente, as autoridades chegaram ao número de 2.752 mortos no World Trade Center, incluindo os passageiros dos aviões dos vôos AA 11 e UA 175, isso além de 453 funcionários de segurança pública que atenderam às emergências. Nesse total incluíam-se mortos provenientes de mais de 90 países de todo o mundo. A redução de 40 nomes deveu-se a pessoas que antes eram tidas como desaparecidas, mas que foram encontradas e, além disso, houve também duplicação de alguns nomes.

No Pentágono, em Washington D. C., 189 pessoas morreram, incluindo as 64 pessoas a bordo do vôo AA 77. Quando o vôo United Airlines 93 caiu no oeste da Pensilvânia, 44 pessoas morreram. As mais de 3.000 pessoas mortas nos ataques de 11 de setembro incluíram 19 seqüestradores a bordo dos quatro aviões civis.

Dez pedestres foram atingidos por destroços e mortos.
O número de policiais mortos foi de 23.
Verdadeiros heróis, 343 bombeiros morreram.
Deste total, apenas 1.102 corpos foram identificados.

Outros dados:

- Dezoito pessoas foram resgatadas com vida no dia seguinte.
- A temperatura causada pelas explosões e depois pelo incêndio foi de cerca de 1 mil graus.
- O incêndio manteve-se intermitente por 100 dias.
- O impacto de cada avião na hora das explosões equivaleu a 1 mil toneladas de dinamite.
- A quantidade de entulho retirada do local superou 1,65 milhão de toneladas.
- A área isolada para limpeza e trabalho de remoção dos destroços foi de 64,75 metros quadrados, e foram necessárias 108. 444 viagens de caminhões.

A LONGA VÉSPERA DO 11 DE SETEMBRO

Pode-se dizer que, em termos de terrorismo internacional, os últimos 20 anos do século XX foram uma crescente escalada para o que aconteceu no dia 11 de setembro de 2001. Acontecimentos que pareciam pontuais e sem conexão aos poucos foram sendo ligados e gerando uma jornada de terror que atingiu, de uma forma ou de outra, todos os povos, direta ou indiretamente. Em particular um estilo de ataque, com bombas simultâneas ou quase, começou a gerar pânico e a determinar locais e tipos humanos simbólicos vulneráveis.

Basicamente, o ano de 1983 pode ser considerado essencial, pois foi quando se iniciou um novo modelo de ataque suicida, destruindo embaixadas, pontos representativos do poder, prédios, sedes governamentais, que reflete o ódio e o alcance agressivo de países antes vistos como dóceis ou submissos. No dia 18 de abril daquele ano, inaugurando uma série de atentados, em Beirute, no Líbano, um ataque suicida em carro-bomba atacou a embaixada norte-americana, matando 63 pessoas. Em seguida, no mesmo mês, dia 23, outro surpreendente ataque, também em Beirute, matou 241 *marines* norte-americanos e, em seqüência imediata, mais uma bomba eliminou 58 soldados franceses que patrulhavam a cidade no lado oeste.

A onda de ataques à bomba se generalizou e, em 1988, no dia 21, no vilarejo de Lockerbie, na Escócia, o vôo da Pan Am, um Boeing 747, explodiu, matando no total 259 passageiros e 11 pessoas que estavam no solo. O notável desta história é que 35 dos mortos eram cidadãos estudantes, da Syracuse University, e havia também alguns militares dos Estados Unidos. A Líbia formalmente assumiu a autoria, depois de 15 anos (agosto de 2003), e ofereceu 2.7 bilhões de dólares em compensação às famílias.

Ainda que muitos não relacionem os fatos, em 1993, no dia 26, na cidade de Nova York, uma bomba explodiu na garagem do mesmo World Trade Center, que depois sofreria o ataque de

11 de setembro de 2001. Nesse atentado morreram seis pessoas e outras 1.040 ficaram feridas. Em 1995, o militante Islâmico Sheik Omar Abdel Rahman e outros 9 companheiros foram condenados como suspeitos representantes da organização terrorista al Qaeda.

Com ares de complô organizado, em 1995, no dia 19 de abril, em Oklahoma City, nos Estados Unidos, um carro bomba explodiu em um edifício Federal, matando 168 pessoas, inclusive 19 crianças. Os personagens acusados dessa terrível ação foram os norte-americanos Timothy McVeigh e Terry Nichols, condenados por "ação antigovernamental". O surpreendente dessa iniciativa foi o método aplicado, resultado de um padrão que se tornaria cada vez mais comum: bomba em edifício importante matando pessoas comuns, mas com tipo social destacável (no caso muitas crianças).

No mês de junho de 1996, em solo da Arábia Saudita, um outro caminhão-bomba explodiu próximo ao complexo militar Khobar Towers, matando 19 norte-americanos que prestavam serviço e ferindo centenas de outros. Treze sauditas e libaneses, membros do comando islâmico Hezbollah, foram apontados como responsáveis nesse ataque.

Outro episódio espetacular ocorreu em 7 de agosto de 1998, em Nairobe, Quênia, e Dar es Salaam, Tanzânia, onde novamente caminhões-bomba explodiram quase simultaneamente, perto das duas embaixadas dos Estados Unidos, matando 224 pessoas (213 no Quênia e 11 na Tanzânia). Além de deixar feridas cerca de 4.500 pessoas. Quatro membros da al Qaeda, dois dos quais receberam treinamento no Afeganistão, foram acusados desse ataque e, em maio de 2001, condenados à prisão perpétua. É importante notar que o júri implicou mais 22 pessoas conectadas a este ataque inclusive Osama bin Laden – também grafado como Usama –, que, contudo, permaneceu solto.

Em 2000, no dia 12 de outubro, em Aden, Yemen, o *destroyer* da marinha norte-americana USS Cole foi drasticamente atingido por uma pequena embarcação, com explosivos que abriram o casco. Setenta marinheiros foram mortos nessa ação terrorista atribuída a Osama bin Laden ou a membros da al Qaeda.

O exame do complexo quadro das ações terroristas exige que sejam separadas as atividades gerais das específicas, pois, ainda que se note uma aproximação no padrão dos ataques, as motivações de cada grupo se distanciam. É importante que se distingam as linhas ideológicas e o fundamento de cada parte. Além das estratégias usadas, torna-se relevante perceber quais são as propostas dos militantes que perpetraram os atos. Isso requer um mergulho histórico nas biografias dos chefes e nos laços que os unem aos demais membros. Antes, porém, é necessário garantir que há muita especulação e hipóteses cercando cada versão. Preconceitos religiosos, julgamentos de valores culturais, racismos pressionam opiniões que muitas vezes não levam em conta o processo histórico ou as bases de culturas que se opõem. Pode-se mesmo afirmar que a "guerra de versões", a favor ou contra, faz parte de um tipo de discurso político que se alimenta exatamente das alternativas, que, contudo, devem ser visitadas.

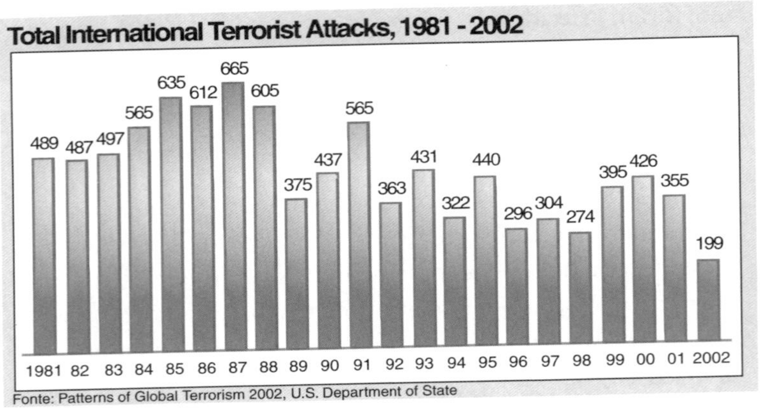

As tensões geradas no final da União Soviética, nos anos de 1990, em função do mundo islâmico, em particular do Afeganistão, motivaram alianças perigosas e delas resultaram novas forças políticas locais. A al Qaeda é uma delas e bin Laden, um dos líderes que, depois de auxiliar os Estados Unidos, acabou tornando-se o suspeito número um dos ataques de 11 de setembro de 2001.

OSAMA BIN LADEN: "o inimigo número 1 da América"

Osama bin Laden, principal suspeito dos ataques de 11 de setembro nos Estados Unidos, nasceu em Jeddah, na Arábia Saudita, provavelmente em 1957. Filho de pai natural do Yemen e mãe da Síria, sua família tornou-se multimilionária graças ao ramo de construção civil destinada a edificar mesquitas em todo mundo árabe, em particular nas cidades de Meca e Medina. Isso além de se especializar em planejamento e execução de projetos de aeroportos e estradas no deserto. A família bin Laden opera neste setor desde os anos de 1970 e ainda hoje mantém importantes negócios em todo o mundo árabe e fora dele. O pai de bin Laden, como é comum sob a orientação islâmica, teve várias esposas e com elas 52 filhos, entre os quais Osama é o 17º. Trata-se, pois, de um clã bastante diversificado e cheio de conflitos e, para exemplificar isto, basta lembrar que um de seus irmãos sauditas, o empresário Khalil Mohamed bin Laden, casado com uma brasileira, é cônsul honorário do Brasil, nomeado pelo então Presidente José Sarney e reconhecido detrator do próprio irmão.

Osama continuou o trabalho do pai até se envolver em política e ter que sair do país de origem. Quando bin Laden deixou a Arábia Saudita, em 1991, levou consigo uma fortuna avaliada em mais de 270 milhões de dólares, e foi com este capital que contribuiu para a criação da al Qaeda, organismo de base religiosa fundamentalista, acusado de treinar terroristas que defendem o Islã contra a invasão ocidental.

Mohammed bin Laden, pai de Osama, foi nos anos 1970 o restaurador da Caaba, o mais importante centro de peregrinação islâmica, em Meca.

Quando começou sua militância política, com cerca de 22 anos de idade, bin Laden tinha a mesma aparência esguia que mantém até hoje: muito alto, com aproximadamente 1,95 m, e 72 quilos, modos finos de pessoa bem educada, ainda que haja forte suspeita de que seja doente renal crônico. Desde então, mantendo sempre um constante autocontrole em suas falas públicas, mescla repúdio aos ocidentais que atuam em solo árabe, militância bélica e mensagens que citam trechos religiosos do *Corão*, livro sagrado dos muçulmanos. Cabe lembrar que o *Corão* prega que os povos não podem ser convertidos pela força ou coação, mas pode-se e deve-se usá-las para banir a hostilidade ao islamismo. O *Corão* legitima a guerra contra os inimigos do povo muçulmano e ensina que, quando justa, a luta deve ser levada em frente, até o extremo, com vigor e determinação. Assim, a fé islâmica reverencia os mártires da luta religiosa, que mediante sacrifício da vida vão diretamente para o céu.

O componente religioso é fundamental para o entendimento da política de bin Laden, e, nesse sentido, se faz importante lembrar que – segundo Michael Chossudovky – o incentivo político da Central Americana de Inteligência (CIA) foi, desde 1979, importante contribuição para o desenvolvimento da al Qaeda. Apoiando a ação belicosa, esta organização estava dimensionando a luta em defesa do islamismo em sua versão mais radical, fundamentalista. Quando, principalmente durante a administração de Ronald Reagan, os Estados Unidos resolveram financiar a movimentação dos guerrilheiros islâmicos do Afeganistão, os *mujadins*, militantes religiosos recrutados para combater a União Soviética passaram a freqüentar as "*madrassas*", escolas corânicas, instaladas no Paquistão. Ali também se encontravam os talibans, palavra que, aliás, significa "estudante". Iniciava-se uma aliança fundamental para o entendimento do fenômeno bin Laden como eventual terrorista.

Os fatos políticos do Afeganistão levaram a uma crescente participação dos talibans, que se tornaram poder político inspirados no dever religioso de proteção às leis islâmicas. Desde

1978, com o assassinato de três governantes afegãos, irrompeu-se um período de instabilidade motivado pela morte do líder Daud Khan, que foi assassinado junto com sua família. De setembro a dezembro de 1979, outros dois chefes foram também mortos, abrindo vaga para Babrak Karmal, que representava os interesses da União Soviética, a qual, a fim de garantir a ordem, invadiu o Afeganistão e passou a orientar a política interna. Na linha oposta, a atuação norte-americana contra o predomínio de Moscou justificava o apoio aos rebelados islâmicos, os talibans, no Afeganistão. A dominação Soviética durou até 1989, quando se iniciou uma fase confusa que acabou por gerar uma guerra civil envolvendo diversas facções muçulmanas. Dessas disputas, o grupo Taliban saiu vencedor e, depois de matar o líder Najubullah, conquistou a capital Cabul, impondo seu poderio. Este foi o momento de definição da glória de Osama bin Laden, que saiu como herói libertador e aliado dos talibans.

A aliança de bin Laden com os talibans desde o início resultou na adesão de muitos adeptos, insatisfeitos com as transformações que se operavam na sociedade afegã e que se submeteram-se às regras do fundamentalismo islâmico. Antes, o Afeganistão era uma sociedade secular e estava em fase de organização de suas instituições. Esse processo, contudo, foi perturbado pelos soviéticos, que interferiram, motivando um levante crescente sustentado pelos islâmicos com o apoio norte-americano. Esse, aliás, foi um forte componente para a desmontagem final da União Soviética. Sob inspiração religiosa, os levantes islâmicos são conhecidos como *jihads* e as milícias são referenciadas como "brigadas de Allah", por se colocarem como "guerras religiosas" na defesa do fundamentalismo islâmico, que propõe estados teocráticos.

Os talibans, porém, mudaram radicalmente sua posição diante dos Estados Unidos na década de 1990, quando eclodiu a Guerra do Golfo (1991 – 92), pois, apesar de ser contra a invasão do Kuwait pelo Iraque, bin Laden não aceitou nunca a presença continuada dos ocidentais no Golfo Pérsico e em países árabes vizinhos. O protesto contra o estrangeiro intruso levou ao surgimento de sucessivas *jihads*. Então, com a imagem de "santo guerreiro", bin Laden passou a representar internacionalmente o radicalismo do ideal islâmico, que não separa os ensinamentos religiosos dos deveres de soldados, que têm como missão proteger a integridade do Islã como um todo.

A reputação de bom guerreiro e estrategista de bin Laden derivou da prática militar adquirida em numerosas batalhas durante a Guerra do Afeganistão, inclusive no sangrento embate final, na Batalha de Jalalad, quando derrotou os invasores comunistas. Depois disso, retornou à Arábia Saudita como herói e se distinguiu na oposição política à Monarquia local, da qual fora amigo e colaborador no passado mais remoto. A base da mudança de posição ante o governo saudita se deu pelo apoio daquela autoridade aos Estados Unidos. O ano de 1988 foi politicamente definitivo no futuro da trajetória de bin Laden porque ele fundou a organização al Qaeda. Sua bandeira desde então passou a ser a promoção e o estabelecimento de um estado árabe muçulmano ou pan-islâmico. Atualmente, calcula-se em mais de 18 mil membros espalhados por cerca de 60 países, inclusive nos Estados Unidos. A organização de bin Laden foi acusada de manter vínculos com o temível "Grupo Islâmico", que já foi liderado pelo xeque egípcio Omar Abdel Rahman, que cumpre prisão perpétua nos Estados Unidos desde sua condenação, em 1995, pelo plano de explodir diversos marcos da cidade de Nova York. Sabe-se inclusive que dois dos filhos do xeque Rahman se uniram a bin Laden no fim dos anos 90.

Em 1991, devido à acolhida que o Sudão deu aos islâmicos foragidos de diferentes lugares e que buscavam apoio em algum país muçulmano, bin Laden assumiu a liderança contra a presença de tropas norte-americanas que lá estavam desde a Guerra do Golfo. Por esse motivo, o Sudão, em 1993, foi colocado na lista dos países que apoiavam o terrorismo. A proposta dos islâmicos era afastar os "estrangeiros" do solo sagrado onde se encontram as cidades santas de Meca e Medina, portanto, diretamente contra os propósitos de apoio da Arábia Saudita. Um amplo plano de ação política islâmica passou a vigorar unindo instituições como a al Qaeda a outras como a Shiite Muslim (islâmicos xiitas) e ao Hezbollah, entidades políticas de defesa de princípios ortodoxos árabes. Essas instituições deveriam deixar de lado suas diferenças internas e cooperar na expulsão do inimigo comum, principalmente dos Estados Unidos, que ocupavam então toda a Península Arábica, inclusive a Arábia Saudita e o Iêmen, a fim de estabelecer uma nova ordem mundial.

Desde 1989, o grande motivo do crescimento político de bin Laden sempre esteve ligado à oposição do governo dos Estados Unidos, que liderou nos anos de 1990 uma formidável operação intervencionista no mundo árabe, na Ásia e na África. Após a vitória norte-americana, a presença militar daquele contingente continuou motivando protestos crescentes por parte de grupos que se opunham ao apoio do governo da Arábia Saudita aos norte-americanos. Isso passou a ser motivo de união de grupos radicais e, mais tarde, em uma entrevista concedida à CNN, em 1997, bin Laden afirmou que a presença militar norte-americana na Arábia Saudita era insuportável, por representar uma "ocupação da terra e dos locais sagrados aos islâmicos". Os Estados Unidos alegavam que, desde 1992, bin Laden e outros membros da al Qaeda definiram como alvo as forças militares norte-americanas na Arábia Saudita e no Iêmen, além de outras posicionadas ao leste do continente, no chamado "Chifre da África".

Em dezembro de 1992, dia 29, uma bomba explodiu em Aden, no Iêmen, onde tropas internacionais estavam em missão humanitária. Desde esse ato, que resultou na morte de dois turistas australianos, os soldados tiveram que se retirar. Dois islâmicos do exército do Iêmen, feridos em combate, foram presos e revelaram o envolvimento de bin Laden nessa que seria sua primeira atuação terrorista assumida. Em outubro de 1993, 18 soldados norte-americanos que trabalhavam em operações humanitárias na Somália foram mortos durante uma manobra em Mogadíscio e seus corpos arrastados pelas ruas da capital. Novamente o nome de bin Laden foi invocado como líder e inspirador. Em flagrante derrota, os Estados Unidos tiveram que retirar suas forças em março de 1994.

O ano de 1993 trouxe um primeiro sinal do que seria, mais tarde, o 11 de setembro. Pela primeira vez o WTC de Nova York foi bombardeado. Alguns autores traçam uma engenhosa articulação entre os atos terroristas contra o WTC em 1993 e bin

Laden. Contudo, segundo a versão registrada no livro *The New Jackals: Ramzi Yousef, Osama bin Laden and the Future of Terrorism* (Os Novos Chacais: Ramzi Yousef, Osama bin Laden e o Futuro do Terrorismo), o jornalista inglês Simon Reeve revelou que o terrorista kuwaitiano Ramzi Yousef, capturado depois no Paquistão, teria sido o autor daquele "primeiro" atentado à bomba ao WTC e, segundo o que consta, ao chegar em Nova York, com os olhos vendados depois de julgado, foi colocado em frente aos dois prédios do WTC e desafiado a vê-los firmes, em pé e iluminados, e ele então teria dito: "Elas não estariam brilhando assim se eu tivesse dinheiro e explosivos suficientes".

Essa revelação ocorrera em 1999, mas poucos prestaram atenção; e depois de tudo temos uma hipótese transformada em realidade: os atentados em Nova York e Washington estavam previstos, pois Osama bin Laden realizaria o sonho de Ramzi Yousef. Isso reforçou, mais tarde, a fundamentação da justificativa para apontar bin Laden como o autor provável do atentado daquele dia de setembro de 2001. Alias, sabe-se hoje que muitos já previam, desde o início da década de 1990, que haveria uma ampla ação terrorista em território norte-americano. No ano de 1995, bin Laden foi acusado de participação na tentativa de morte do então presidente do Egito, Hosni Murabak, estendendo assim o âmbito de sua ação.

Tudo se agravou em 1998 por ocasião dos dois bombardeios simultâneos, tanto na embaixada dos Estados Unidos no Quênia como na Tanzânia. No primeiro caso, em Nairobi, morreram 213 pessoas, incluindo 12 norte-americanos, e deixando mais de 4.500 feridos. A outra bomba, em Dar es Salaam, matou 11 pessoas da Tanzânia e feriu 85, mas nenhum norte-americano foi atingido. O então presidente Bill Clinton, em represália, mandou que a Marinha Americana bombardeasse o Sudão e o Afeganistão. Oitenta mísseis Tomahawk atingiram os dois países, mas nenhum infligiu sequer um arranhão ao alvo principal, bin Laden, que em uma rede de rádio clandestina comemorou: "Graças a Alá estou vivo!".

Bin Laden – depois do 11 de setembro de 2001 – passou a ser considerado o mais conhecido e temível terrorista do mundo contemporâneo e, nesse sentido, até substituiu Saddan Hussein como o "inimigo público número um dos Estados Unidos". Foi considerado, inclusive, por uns como mais temível que "Carlos, o Chacal", o terrorista venezuelano que nos anos de 1970 colocou o mundo em alerta contra os ataques terroristas. Se odiado no ocidente, bin Laden é tido pelos simpatizantes islâmicos como herói ou até uma espécie de "Che Guevara do Islã". Ainda que Osama bin Laden nunca tenha assumido a autoria dos atentados de 11 de setembro, se refere a eles como "castigo de Alá" e isso, junto com o formidável currículo de ataques assumidos, tem sido bastante para creditar a ele a culpa ou sua cumplicidade. A lista de atos terroristas atribuídos especificamente a bin Laden, ainda que tenham como alvo principal os Estados Unidos, abrange também os seus aliados. Entre as agressões recentes mais importantes atribuídas a ele direta ou indiretamente antes do 11 de setembro temos:

1 – os bombardeios às embaixadas do Quênia e da Tanzânia em 1998;

2 – em 2000, o atentado ao *destroyer USS Cole* no Iêmen;

3 – a acusação de, em 1993, ter promovido a luta que matou na Somália 18 soldados norte-americanos;

4 – em 1996, bombardear a base militar de Khobar na Arábia Saudita, o que deixou 19 soldados mortos.

O perfil de bin Laden é importante para o entendimento de sua presença política no mundo árabe. Descrito como pessoa educada, o menino Osama freqüentou escolas em Jeddah, na Arábia Saudita. Foi na Universidade de King Abdul-Aziz que se formou em Administração e Economia. Ficou órfão de pai aos 13 anos de idade e, aos 17, casou-se com uma parenta síria. Bin Laden sempre viveu em ambiente religioso, nunca se afastando de países islâmicos, e suas vinculações políticas estão profundamente embasadas em leituras radicais do *Corão*. O exemplo de seu pai, que fora pobre, "mas que se enriqueceu sob as bênçãos de Ala", foi reforçado na própria família e reciclado anos a fio quando seu pai recebia em casa, por ocasião da *Hajj*, cerimônia de visita aos lugares sagrados dos Islã, peregrinos cultos que vinham de diferentes lugares do mundo. Um dos resultados dessa prática foram os contatos estabelecidos por bin Laden. Em meados de 1980, com uma proposta radical islâmica, bin Laden transferiu-se para o Afeganistão, aliou-se ao Maktab al-Khidimat (MAK), organização destinada a recrutar soldados islâmicos de todo o mundo, para formar uma rede internacional de defesa dos ideais muçulmanos. A instituição que ele criou – a al Qaeda, cuja tradução seria "a Base" – defendeu desde o começo os pressupostos da "guerra santa". De certa forma, mesmo entre as práticas terroristas, bin Laden é considerado um inovador, pois até ele os atentados eram sempre resultados de ações governamentais localizadas e não de grupos para-nacionais. De toda forma, é importante notar que o nome de bin Laden está entre os dez mais citados pela impressa internacional na última década (1993-2003).

RELATOS

TRÊS VERSÕES SOBRE A ATUAÇÃO DE BIN LADEN

Apesar da atribuição imediata da responsabilidade dos fatos de 11 de setembro ter recaído sobre bin Laden, existem outras versões que ganham espaço à medida que permanecem indeterminadas as conclusões. Por bin Laden não assumir jamais que ele tenha sido o mentor, planejador ou executor do plano terrorista e pelos muitos equívocos do governo de George W. Bush, que reagiu de maneira indecisa nas respostas imediatas, resta um campo aberto às especulações, que são muitas. A imprensa em geral, bem como a oposição política ao governo de George W. Bush, não tem poupado esforços e, assim, fomenta discussões que crescem mundo afora. Convém lembrar que o importante relatório feito pela "Comissão Nacional sobre os Ataques Terroristas contra os Estados Unidos", que se refere especificamente ao do 11 de setembro e que foi divulgado dia 21 de julho de 2004 – farto material em mais de 500 páginas –, deixa subentendido o papel de bin Laden, sem contudo ser taxativo. O alvo mais constante do relatório é o grupo al Qaeda e não seu líder. Basicamente são três as linhas discursivas sobre bin Laden:

1 – ESTEVE DIRETAMENTE IMPLICADO, SENDO MENTOR E RESPONSÁVEL;
2 – NÃO TEVE NADA A VER COM ISSO E É APENAS UMA DESCULPA;
3 – TEM CONEXÕES SUSPEITAS COM A FAMÍLIA BUSH.

1 – ESTEVE DIRETAMENTE IMPLICADO: Pela lógica comum dos fatos, bin Laden foi logo apontado como primeiro e natural responsável pelos ataques do 11 de setembro. Os claros posicionamentos assumidos ao longo das duas últimas décadas do século XX o fizeram "suspeito preferencial". Desde os ataques a Nova York e Washington, bin Laden apareceu em vários vídeos enviados à estação de TV árabe Al Jazira dando informações sobre suas idéias a respeito dos ataques. No primeiro deles depois do 11 de setembro, ele cumprimentava os terroristas pelo sucesso dos ataques. Em outros, sustentava o conceito de "guerra aos infiéis", reafirmando que a "América não viverá mais em paz". Esses fatores somados a outros alardes emitidos contra os Estados Unidos o caracterizaram como "o" causador dos desastres. Logicamente, pelo lado norte-americano, persistiu a necessidade de imediatamente concentrar a culpa em alguém capaz de captar as atenções e dar dimensão a ataques de respostas que, no mínimo, corresponderiam às expectativas da população agredida. Nesse sentido o governo norte-americano, por meio do FBI, colocou um prêmio de 25 milhões de dólares pela cabeça de bin Laden. Segundo Chossudovsky, diante da pergunta sobre a responsabilidade de bin Laden, temos a seguinte resposta:

"... penso que bin Laden na verdade é parte da campanha de propaganda, porque precisa haver uma imagem de um terrorista. Porque é da tradição de Hollywood, então mostram uma figura como bin Laden, e depois bin Laden no seu cavalo, e dizem: 'esse homem é um terrorista, e temos que ir atrás dele'. E justificam toda a sua agenda de guerra com base nesse único conceito. Para a idéia de guerra santa, têm de retratar o mal em uma imagem, e o bin Laden é usado para isso".

A imprensa norte-americana imediatamente divulgou que bin Laden seria o responsável pelos ataques.

Mas quais seriam as mais fortes evidências, aquelas que deram consistência à posição norte-americana para a sustentação de bin Laden como o responsável por tudo? Independentemente dos vídeos citados – e que não causaram grande impacto – em novembro de 2001, no dia 9, na cidade afegã de Kandahar, Osama bin Laden encontrou-se com representantes do alto comando Saudita e com membros da al Qaeda para jantar. Naquela ocasião foi gravado um revelador vídeo, descoberto dias mais tarde em uma casa abandonada em Jalalabad. O filme, além de trazer evidências de legitimidade técnica, como imagens e voz, mostrava coerência com menções a fatos recentes, o que comprovaria a data da gravação. Além disso, fazia nítidos elogios aos "heróis" que participaram dos ataques e registrava indicações agressivas aos Estados Unidos. O Presidente George W. Bush viu o filme no dia 30 de novembro e ordenou que se verificasse a au-

Reprodução

The Weekly Standard
25 de setembro, 2001

Reprodução

Newsweek
25 de setembro, 2001

Reprodução

US News / World Rep
25 de setembro, 2001

Reprodução

Time
25 de setembro, 2001

tenticidade, pois se fosse verdadeiro iria mostrá-lo ao mundo, e isso confirmaria as suspeitas levantadas desde as primeiras horas do atentado. Em 9 de dezembro o jornal *Washington Post*, citando um oficial dos Estados Unidos, revelou a história do vídeo, o que fez apressar sua divulgação, e, no dia 13, o vídeo mostrado à imprensa ganhou aceitação imediata e em escala mundial.

O Primeiro Ministro britânico, Tony Blair, logo após os atentados, publicou um documento de setenta pontos sobre a al Qaeda, de Osama bin Laden, creditando-lhe responsabilidade sobre os ataques ao WTC e ao Pentágono. As "provas" essenciais seriam as seguintes:

- Pouco antes do dia dos atentados, 11 de setembro, Osama bin Laden declarou que lançaria um grande ataque contra os Estados Unidos;
- O planejamento detalhado dos atentados foi feito por um terrorista que ocupa papel de destaque na organização comandada pelo saudita;
- Dos dezenove seqüestradores dos aviões que atingiram os edifícios americanos, pelo menos três tinham ligações com a al Qaeda. Um deles, inclusive, participou dos atentados a bomba a duas embaixadas americanas na África, em 1998, e do ataque ao navio de guerra dos Estados Unidos *USS Cole*, na costa o Iêmen, no ano passado – atentados atribuídos a Laden;
- Às vésperas dos atentados, Laden estava preparando material de propaganda, que incluía vídeos e documentos. Nes-

se material, ele justificava ataques a alvos americanos e judeus e afirmava que os que morreram ao cometê-los estavam cumprindo uma missão divina;

- Em agosto e no início de setembro, terroristas próximos a Laden, que se encontravam fora do Afeganistão, foram avisados de que deveriam voltar para o país até 10 de setembro;
- Associados de Laden conversaram sobre uma ação a ser realizada em 11 de setembro ou por volta daquela data.

A essas "provas" de Tony Blair foram acrescentadas duas informações importantes que surgiram na imprensa americana. A primeira delas é que agentes do FBI, a polícia federal dos Estados Unidos, rastrearam depósitos numa conta que Mustafá Mohamed Ahmad, suspeito de administrar as operações financeiras da organização al Qaeda, mantém num banco dos Emirados Árabes. O dinheiro saiu das contas de três dos terroristas suicidas envolvidos no atentado de 11 de setembro: Mohamed Atta, Waleed Alshehri e Marwan al-Shehhi. Os depósitos, que totalizam 15 mil dólares, foram enviados da Flórida, nos dias 8 e 9 de setembro. Suspeita-se que o montante seja sobra do que foi gasto nos atentados, já que Mohamed Atta, um dos líderes do grupo de seqüestradores, teria recebido cerca de 100 mil dólares de Ahmad no ano passado. A segunda informação relevante é que, de acordo com a emissora CNN, agentes do serviço secreto alemão interceptaram em 11 de setembro uma conversa telefônica entre dois terroristas ligados a Osama bin Laden. No diálogo, ambos comemoravam o sucesso dos atentados.

2 – NÃO TEVE NADA A VER COM ISSO E É APENAS UMA DESCULPA: Ainda que bin Laden seja o grande suspeito, não faltam críticos capazes de negar a participação direta ou indireta dele nos eventos de 11 de setembro de 2001. E Chossudovsky não está só ao garantir isso. Outro grande defensor da hipótese de que bin Laden é apenas uma fachada é Lyndon LaRouche, fundador da "Executive Intelligence Review" (EIR), que, mesmo ressaltando a participação de entidades radicais islâmicas (o que não significaria que bin Laden estivesse entre elas), afirma que uma operação tão complexa como a derrubada das duas Torres e o ataque ao Pentágono não seria viável sem a anuência, colaboração ou cumplicidade dos órgãos governantes.

De outra forma, o que diz o polêmico LaRouche é que nem bin Laden, nem ninguém ou outra instituição seria capaz de proceder a um ataque monumental como esse sem conhecimento profundo do contexto – funcionamento, controle, oportunidade, aparato de precisão – de pessoas ou entidades da sociedade atacada. Em resposta à pergunta direta feita pelo entrevistador: "no seu ponto de vista, Osama bin Laden não é responsável por este ataque terrorista?", disse LaRouche em entrevista a Radio Radicale, da Itália, em 20 de setembro de 2001:

> "... não, Osama bin Laden é um ruído, que foi criado pelo esforço conjunto dos serviços de inteligência britânico, dos EUA e Israel, durante os dias da Guerra do Afeganistão. Neste ínterim, ele se tornou um ruído para a Rússia e

para outros países, de modo que aqueles que estão tentando desviar o assunto estão tentando colocar nele o foco do problema".

À culpabilidade ou responsabilidade de bin Laden como autor dos graves ataques, LaRouche tem chamado de "hipótese simples" e, diferentemente, tem enfatizado que se trata de uma estratégia complexa, clandestina, conduzida por articuladores do próprio *establishment* norte-americano preocupado em desestabilizar a ordem reinante com o fito de propor uma "mudança de fase" na história do imperialismo. Estabelece o que chamou de "hipótese superior", ou seja, há uma rede de liderança internacional que teria interesse em promover um espetáculo de alcance mundial capaz de justificar guerras e ataques a países importantes produtores de petróleo. Entre os muitos argumentos fortes de LaRouche está a injustificada falta de controle das torres dos aeroportos e a incapacidade de interceptação de pelo menos o segundo vôo pelas Força Aérea. Isso sem falar do vôo que atacou o Pentágono, destruindo exatamente a parte dos arquivos que provariam que George W. Bush não teria participado da Guerra do Vietnã. Ademais, LaRouche havia prognosticado em princípios de setembro que haveria um ataque a Washington D. C. Dessa afirmativa, aliás, se desdobra uma outra questão fatal: por que o governo George W. Bush não prestou atenção aos alertas dos relatórios que lhe foram fornecidos?

Imediatamente aos acontecimentos de 11 de setembro alguns líderes árabes se manifestaram recomendando prudência nas acusações. O embaixador taliban no Paquistão,

Mullah Abul Salam Zaeef, por exemplo, declarou ser "prematuro acusar uma pessoa que não estava em condições de levar avante um tipo de ataque como aquele com um plano tão bem organizado" e que "uma pessoa como Osama não teria condições de fazer aquilo". Ao mesmo tempo o oficial taliban Mutawakel perguntou aos jornalistas no Paquistão: "onde estão as evidências contra Osama bin Laden?"

Não são poucos os autores que, assim como Meysson Thierry, em seu livro *11 de setembro: uma terrível farsa*, têm enfatizado o fato de o 11 de setembro ter sido planejado por uma articulação internacional preocupada com uma outra "ordem mundial". Algumas montagens bastante convincentes apontam "alguns fatos improváveis" que são, contudo, assumidos sem dúvidas. A ilustração abaixo mostra isso:

Reprodução

Boeing 757-200 em montagem na parte em que bateu do prédio do Pentágono. Será que alguém consegue explicar o que aconteceu às asas do avião, que não sofreram danos? Os quatro andares superiores caíram uma hora depois do impacto. O prédio tem cerca de 24 metros de altura. Alguém pode explicar como uma aeronave de cerca de 11 metros de altura, 48 de comprimento, com distância de cerca de 39 metros entre as asas e bico de cerca de três metros de altura, conseguiu bater apenas no andar térreo do edifício?

Existe outro argumento bastante estranho nessa história, pois, segundo algumas fontes, no dia 10 de setembro de 2001, portanto, um dia antes do ataque, bin Laden teria sido hospitalizado no Paquistão com uma crise de rins. Repetidas vezes as fontes desse hospital se negam a dar informações que, omitidas, fermentam ainda mais as discussões. Caso se confirmasse tal ocorrência, dificilmente teria havido o ataque sem que o mentor estivesse à testa dos acontecimentos. O mais notável dessa afirmativa é que o próprio Secretário da Defesa dos Estados Unidos, Donald Rumsfeld, é quem deu essa declaração.

3 – TEM CONEXÕES SUSPEITAS COM A FAMÍLIA BUSH: O principal defensor desta teoria é o premiado documentarista Michael Moore, que se pronunciou antes mesmo de produzir o *Fahrenheit 9/11*, filme em que defende as conexões de negócios entre a família Bush e bin Laden. O fato de Moore ser polêmico, mas respeitado, projetou suas idéias a ponto de merecer destaque especial de muitas revistas norte-americanas, como a *Time*, que lhe deu capa na edição de 12 de julho de 2004.

Moore, depois de atenta pesquisa, aponta vários fatores incômodos para a família Bush, como, por exemplo, os conhecidos vínculos de negócios da empresa de exploração de petróleo e a família de bin Laden; sua ausência de Washington D. C. no dia do ataque; o fato de, após os atentados de 11 de setembro de 2001, quando o tráfego de aviões estava proibido nos Estados Unidos, Bush ter autorizado a decolagem de

Time
12 de julho, 2004

alguns aviões fretados pela Arábia Saudita para retirar do país 142 cidadãos sauditas, entre eles alguns membros da família bin Laden.

Mostrando tudo como um "grande negócio", Moore diz que a Guerra do Iraque foi deflagrada para beneficiar a empresa Haliburton, dirigida pelo vice-presidente, Dick Chenney. Além disso, Moore afirma, como os outros autores, que sauditas investiram 1,4 bilhão de dólares em firmas ligadas à família de Bush e a seus associados, e essa teria sido a razão de o presidente não apurar o envolvimento dos sauditas no caso. Os defensores do governo Bush correram para dizer que o filme era um grande "pacote de mentiras" ou uma campanha "sórdida para atacar o candidato George W. Bush à reeleição".

No entanto, Moore declarou que "não há um simples erro factual no filme" e que está pensando em oferecer "10 mil dólares de prêmio para quem encontrar qualquer equívoco". Outra acusação séria foi sobre a visita, oito meses antes, de uma comissão de talibans, que passaram pelo Texas quando George W. Bush era governador. Houve um acordo para a construção de um oleoduto no Afeganistão e, diante disso, Moore pergunta: o que os talibans estavam fazendo no Texas se o negócio seria com o governo central, que à época era chefiado por Bill Clinton?

Dentre centenas de citações comprometedoras, uma merece destaque especial: o fato de Bush não ter dado a devida atenção aos avisos registrados no dia 6 de agosto de 2001, dizendo que Osama bin Laden estava planejando um ataque aéreo aos Estados Unidos. No informe diário ao presidente, havia um alerta anunciando que membros da al Qaeda residentes ou em viagens constantes aos Estados Unidos poderiam atacar pontos do país e, em continuação, que dois membros talibans eram acusados de outros ataques às embaixadas na África. Em 1998, outra fonte clandestina havia declarado que uma célula islâmica radical estava recrutando membros para uma agressão até então nunca ocorrida. O mesmo informe dizia que bin Laden pretendia lançar um ataque cego a edifícios federais em Nova York e que isto era coerente com informações consistentes do FBI. As evidências das declarações feitas por Moore explicariam que o silêncio de Bush seria decorrente de acordos secretos, familiares, que estariam ligados a negócios. Michael Moore elogiou o Brasil por não ter apoiado a invasão do Iraque.

Além do premiado e polêmico filme, Michael Moore publicou um livro no qual analisa a derrocada do governo de George W. Bush. "*Cara, Cadê o meu País?*" (Editora W11) é um libelo contra a administração do governo sob o qual os Estados Unidos padeceram os ataques e depois desenvolveram a criticável política de contra-ataque.

Eis a série de "sete perguntas para George da Arábia", capítulo com que Moore abre seu livro:

1 – É verdade que os bin Laden mantêm relações comerciais com o sr. e sua família há 25 anos?
2 – Qual é a "relação especial" entre os Bush e a família real saudita?

3 – Quem atacou os Estados Unidos em 11 de setembro – um cara submetido a diálise em uma caverna no Afeganistão ou sua amiga, a Arábia Saudita?
4 – Por que o sr. permitiu que um jato particular saudita voasse pelos Estados Unidos nos dias que se seguiram ao 11 de setembro recolhendo membros da família bin Laden e levando-os para fora do país sem uma investigação apropriada do FBI?
5 – Por que o sr. está protegendo os "direitos da Segunda Emenda" de potências terroristas?
6 – O sr. está ciente de que, quando o sr. era governador do Texas, o Taliban viajou a este estado para encontrar-se com seus colegas da companhia de gás e petróleo?
7 – Que cara exatamente foi aquela que você fez naquela sala de aula da Flórida, na manhã de 11 de setembro, quando o chefe da sua comitiva lhe disse ao ouvido "a América está sendo atacada"?

Ao saber das advertências contidas no importante relatório da "Comissão" que investigou o 11 de setembro de 2001, Bush respondeu que "se tratava de informes rotineiros".

Talvez o mais incômodo alerta feito pela "Comissão Nacional", que produziu o relatório sobre o 11 de setembro, seja a reafirmação de que Bush e sua família realmente mantiveram laços de negócios com os familiares de bin Laden.

OUTRAS VERSÕES

Não faltam textos curiosos com explicações variadas sobre o 11 de setembro. Entre as mais inusitadas, temos uma versão evangélica do fenômeno, que foi descrito de maneira apocalíptica em um livro assinado por pelo pastor Jim Cymbala, de Nova York, sob o nome de *A graça de Deus no 11 de setembro* (publicado no Brasil pela Editora Tekton). Outra versão, esta deveras desafiadora do bom senso, é um romance escrito pelo próprio ditador Saddan Hussen sob o nome de *Saiam Malditos*, e que foi publicado em Londres, em capítulos, pelo jornal *Asharq al-Awsat.* Segundo a lenda, a história deste texto (noticiado pelo jornal carioca *O Globo* de 9 de julho de 2004, p.27) é mais excitante que o conteúdo do romance, pois foi retirado pelo médico de Saddan, do Ministério da Cultura, antes do ataque a Bagdá. Segundo os leitores, o livro descreve uma conspiração judaico-cristã contra os árabes e o Islã, culminando com a invasão destes em terras inimigas, com a derrubada de uma monumental torre (em alusão clara ao 11 de setembro).

Mas há também uma gama de textos acadêmicos que, sob diferentes perspectivas, contemplam o 11 de setembro, propondo visões múltiplas e significativas. Aliás, é comum dizer que sobre os eventos daquele fatídico dia prometem-se mais livros que sobre qualquer outro tema da atualidade. Um autor não pode ficar ausente de lista nenhuma sobre o 11 de setembro: Noam Chomsky. Lingüista de reputação mundial, Chomsky publicou um livro com o nome *Onze de Setembro*, que é resultado de várias entrevistas dadas a diversos meios de comunicação. Normalmente realizadas por *e-mail*, tais falas editadas têm como tema-motivo os atentados de 11 de setembro de 2001 em Nova York. Essas declarações foram feitas dias depois dos atentados, quando ainda havia indefinição sobre se os EUA atacariam ou não o Afeganistão. Em dois apêndices, há indicação de leitura complementar sobre o tema e o Relatório do Departamento de Estado sobre as Organizações Terroristas Internacionais. Em continuidade à densa argumentação sobre a "fabricação de ilusões necessárias para a gestão social é tão velha como a história", Chomsky mostra como a sociedade norte-americana precisa do "modelo de propaganda" para manipular a sociedade, que precisa ser alimentada de notícias ideologicamente conduzidas. Além desse livro, outro do mesmo autor trata das conseqüências do ataque: *O declínio do poder americano*. Este texto coloca em perspectiva histórica o sucesso dos Estados Unidos como potência hegemônica e é demonstrado em quatro eventos sucessivos e complementares: a Guerra do Vietnã; as revoluções de 1968; a queda do Muro de Berlim em 1989 e os atentados terroristas de setembro de 2001. A conclusão mostra que hoje os Estados Unidos se isolaram do mundo e caminham para um descrédito que os conduz a um ódio generalizado. Aliás, a surpresa do "desamor" aos Estados Unidos é uma das tônicas do livro.

O DIA 11 DE SETEMBRO COMO FATALIDADE

Um dos aspectos mais curiosos do 11 de setembro como evento trágico é a relação que se tem com o significado do número 11. Cabalistas, astrólogos, numerólogos, ocultistas, espiritualistas, maçons, entre outros grupos dados às explicações vinculadas à espiritualidade ou à predestinação enchem livros, jornais e revistas apontando aspectos que justificam o que se convencionou chamar de "ciências ocultas". A respeitada astróloga Stephanie Clement escreveu um livro que sintetiza uma série de coincidências que, segundo ela, se explicam pelos astros. No texto "O que dizem os astros sobre 11 de setembro" fica evidenciado o predestino ou a fatalidade dada àquele dia. Este tipo de versão povoa a lista de *sites* que mostram o 11 de setembro como um dia marcado. Vejamos alguns dos argumentos:

1 – a data do ataque foi 9/11, que seria a soma de 9 + 1 + 1 = 11;
2 – em inglês a palavra setembro (September) possui 9 letras e 9 + 2 (de 11, 1 + 1) = 11;
3 – o número 911 (alusão a 09/11) corresponde ao telefone de emergência nos Estados Unidos;
4 – 11 de setembro é o 254º dia do ano e 2 + 5 + 4 = 11;
5 – depois de 11 de setembro, faltam mais 111 dias para o final do ano;
6 – as indicações do vôo 11 eram: AA11: A = 1, A = 1, AA = 11;
7 – quatro dos jatos AA11 tinham as iniciais A (primeira letra do alfabeto e 1, primeiro número arábico) AA = 11;
8 – o líder do ataque do vôo AA11, Mohamed Atta, tem 11 letras em seu nome;
9 – o vôo AA11 tinha 92 pessoas a bordo e 9 + 2 = 11;

10 – o vôo AA11 tinha 11 tripulantes – 2 pilotos e 9 atendentes;

11 – os alvo do vôo AA11 era New York City, que possui, em inglês, 11 letras;

12 – o estado de New York foi o 11º a ser anexado à União;

13 – a Ilha de Manhattan foi descoberta em 11 de setembro de 1609 por Henry Hudson, que possui 11 letras em seu nome;

14 – Trade Center tem 11 letras e Skyscrapers, arranha-céu, também possui 11 letras;

15 – o nome World Trade Center Towers tem 22 letras e 2 x 11 = 22;

16 – as torres gêmeas do WTC, lado a lado, representam o número 11;

17 – o número de andares de cada torre era 111;

18 – a primeira torre do WTC (torre norte) caiu às 10h28 e 1 + 2 + 8 = 11;

19 – a primeira divisão antifogo a chegar às torres foi a FDNY Unit 1, que perdeu 11 bombeiros;

20 – as torres do WTC caíram à altura de 11 andares;

21 – o vôo que atingiu o Pentágono foi o United Airlines 77 e 11 x 7 = 77;

22 – o vôo 77 tinha 65 passageiros a bordo e 6 + 5 = 11;

23 – o alvo do vôo 77 era o Pentágono, que possui 11 letras;

24 – uma das paredes do Pentágono caiu às 10:10 da manhã e a soma dos números fora os zeros é igual a 11;

25 – de acordo com o FBI, originalmente os terroristas planejavam usar 11 aviões;

26 – trinta dias depois do ataque, o FBI soltou uma lista com o nome de 22 terroristas;

27 – Maomé, o profeta do Islamismo, morreu em 632 e 6 +3 + 2 = 11;

28 – o manual de lições sobre a *Jihad* Islâmica, Guerra Santa, possui 11 volumes.

29 – 119 é o código de área do Iraque e do Irã e 1 + 1 + 9 = 11;

30 – a Liga dos Estados Árabes é composta de 22 nações árabes e 2 x 11 = 22;

31 – em inglês, o país suspeito desse ato terrorista foi o Afeganistão, que tem 11 letras;

32 – o local de nascimento de Osama bin Laden é a Arábia Saudita, que possui 11 letras;

33 – Ramzi Yousef, o acusado de organizar o ataque de 1993, tem 11 letras;

34 – o primeiro-ministro de Israel, Ariel Sharon, tem 11 letras;

35 – O ministro dos negócios estrangeiros de Israel, Shimon Peres, tem 11 letras;

36 – O presidente dos EUA, George W. Bush, tem 11 letras;

37 – O presidente anterior, Bill Clinton, tem 11 letras;

38 – O secretário de estado, Colin Powell, tem 11 letras;

39 – O dia da independência dos EUA é 4 de julho, e 7 + 4 = 11;

40 – Em inglês, o avião presidencial é o *Air Force One*, com 11 letras;

41 – O número de George W. Bush na força aérea é 29000, ou seja, 2+9+0+0+0 = 11;

42 – e, como se não bastasse, o atentado de Madrid aconteceu no dia 11/03/2004, que, somado, dá: 1+1+3+2+4=11.

Certamente, os numerólogos e os demais ocultistas não vêem apenas coincidência nessas repetições. Ainda, curiosamente, em termos da história norte-americana, há outras repetições trágicas notáveis envolvendo o dia 11 de setembro. No passado mais remoto, três eventos também sangrentos garantem um sentido de maldição ao dia 11 de setembro:

1 – no ano de 1772, quando cerca de 300 índios e 50 soldados britânicos começaram uma revolta no Forte Henry, naquela que foi a última batalha da Revolução Americana. Alguns historiadores mostram-se intrigados com a insistência dos documentos em trazer referências ao número 11. Em um dos mais importantes, uma carta escrita por Lydia Cruger (11 letras) diz que a revolta começou pela manhã, numa segunda-feira, dia 11, e todos os dias 11 de setembro foram sempre fatídicos nessa Revolução;
2 – em 1776, assinalou a fracassada Conferência de Paz entre as partes envolvidas na Revolução Americana;
3 – o primeiro dia de uso da "nova" bandeira norte-americana, na Batalha de Brandywine, se deu no dia 11 de setembro de 1777.

Mas não são apenas os eventos longínquos no tempo que salientam a fatalidade do dia 11 de setembro na história em geral. Relacionado ao terrorismo, por exemplo, tem-se o ataque aos atletas olímpicos em Munique (dia 5), daquela Olimpíada, que terminou no dia 11 de setembro de 1972. Neste evento, que contou com a participação de 121 países, (11 x 11 = 121), 11 atletas israelenses foram mortos. Exatamente 29 anos depois (2 + 9 = 11), aconteceu o fatídico 11 de setembro de 2001. Na mesma linha, em 11 de setembro de 1990 o presidente George Bush (pai) fez o dramático discurso no Congresso sobre o posicionamento dos Estados Unidos perante a crise do Kuwait, naquele que foi o primeiro passo da Guerra do Golfo. Outra vez, exatamente 11 anos depois, os terroristas atacaram os Estados Unidos. Além desses registros, a América Latina tem também uma referência triste sobre o 11 de setembro de 1973, quando o Presidente do Chile, Eduardo Allende, foi assassinado.

Também sem explicações temos alguns itens que causam espécie pela originalidade. Entre tantos há algumas imagens que evocam premonições. Alguns exemplos relevantes disso podem ser avaliados em uma gravura de Charles Wm. Burwell III, em obra intitulada "uma criatura na cidade dos pilares". Segundo a própria descrição, ele colocou duas largas torres com um monstro fazendo algo horrível no topo de uma delas". Curiosamente, desde setembro de 2000 este painel não foi mais tocado e o autor se declarou apenas artista, sem dotes de vidência.

Outro registro memorável é uma capa do CD de uma banda de Oakland, Ca. de nome "*Coup*", que em 19 de julho de 2001 mostrava o desenho das duas torres do WTC explodindo em fumaça. O álbum foi retirado e a capa, refeita.

Talvez a mais intrigante coincidência seja o panfleto feito pelo Departamento de Justiça norte-americano, que treinou civis sobre regras de sobrevivência e defesa em eventuais ataques. A ilustração usada na capa colocava no centro do alvo as duas torres do WTC. Este manual foi divulgado antes do 11 de setembro de 2001 com o selo do U.S. *Department of Justice*.

U.S. Department of Justice
Office of Justice Programs
Office for State and Local Domestic Preparedness Support

EMERGENCY RESPONSE TO TERRORISM

Law Enforcement Response to Weapons of Mass Destruction Incidents

This guide was developed in cooperation with
Louisiana State University, Academy of Counter-Terrorist Education

A Member of the National Domestic Preparedness Consortium

Reprodução

MANIFESTAÇÕES EM TEMPO REAL

Por ter acontecido em um momento privilegiado da capacidade de transmissão midiática, os fatos do 11 de setembro ganharam ampla divulgação, maior mesmo que qualquer outro "desastre" mundial em todos os tempos, inclusive sobre a Segunda Guerra Mundial. Concomitantemente aos fatos, imagens foram transmitidas, fazendo com que o mundo assistisse ao vivo, em tempo real, o que tantos supunham ser uma montagem cinematográfica ou um acontecimento improvável. O número de fotos estampadas em jornais do mundo todo, repetidas incessantemente, demonstra o grau de modernidade contido no conjunto de ações que compuseram este ataque. Supondo a intencionalidade do ato, seus efeitos psicológicos, a avaliação dos resultados sugere que ele não pode ser analisado à parte de todo o processo de desenvolvimento do terrorismo. O conjunto de máquinas, que vão desde os aviões até os artefatos usados pelos bombeiros, sem falar de toda a parafernália fílmica, fotográfica, radiofônica e televisiva que se seguiu, fez da instantaneidade dos acontecimentos um fator de registro. O terror como espetáculo exigia uma divulgação em massa e, neste sentido, não faltaram livros de todos os gêneros trazendo mais e mais imagens que acabaram compondo exposições, pertencendo a museus, arquivos, que, em conjunto, garantem um nível de institucionalização do evento.

Curiosamente, a única imagem cinematográfica do primeiro avião ao bater na torre do World Trade Center, mostrada à exaustão, pertence a Jules Naudet, jovem cineasta francês que naquela manhã fatídica fazia um documentário sobre o dia-a-dia de um jovem bombeiro em início de carreira na cidade de Nova York. Com o irmão que o auxiliava, Naudet – o qual estava nas cercanias das torres e, em seguida ao primeiro ataque, dirigiu-se ao local – produziu a mais impressionante seqüência de cenas sobre a tragédia. Esse documentário foi mostrado mundialmente pela CNN.

Além do abalo nos critérios de análise visual dos registros catastróficos, outro campo mereceu enorme espaço de registro: a história oral. Imediatamente uma coleção incontável de *sites* foi produzida, anunciando projetos de história oral, convocando a população a se manifestar sobre os eventos.

Com certeza nenhum outro evento da história contemporânea mereceu tanta atenção em registros de depoimentos como o 11 de setembro. Nesse sentido, faz-se necessária uma classificação dos acontecimentos a fim de dimensionar o efeito dos ataques. Fala-se, pois, de depoimentos de autoridades norte-americanas e de outros países e de vítimas diretas e indiretas.

AUTORIDADES NORTE-AMERICANAS E DE OUTROS PAÍSES

Como seria de se esperar, a opinião pública do mundo foi afetada pelos acontecimentos, motivando assim vasta gama de depoimentos, que, em termos políticos, surtiram efeitos nas definições de condutas sociais. Assim, por exemplo, nota-se o impacto político que imediatamente colocou em juízo as responsabilidades: o governo do republicano George W. Bush passou a ser medido pelos resultados daquele ato terrorista que marcou toda a tomada de posição futura da política norte-americana. De modo geral, a simpatia do mundo, como não poderia deixar de ser, viu-se sensibilizada pela dor causada às vítimas e aos Estados Unidos como parte agredida.

O primeiro movimento, no entanto, foi de compreensão do que se passava no curto espaço de tempo dos ataques. Nesta linha, vale citar alguns testemunhos relativos aos fatos imediatos e que tiveram repercussão depois. O primeiro depoimento de impacto foi o mais esperado de todos, do próprio presidente Bush, feito na base aérea Barksdale, no estado da Louisiana, para onde foi depois de sair do estado da Flórida, onde cumpria uma agenda de visitas a escolas elementares. Assim falou:

> "Gostaria de reafirmar ao povo da América que todos os recursos do governo federal estão sendo empregados para assistir as autoridades locais no sentido de salvar e ajudar as vítimas do ataque. Sem dúvida, os Estados Unidos caçarão e punirão os responsáveis por esse ataque covarde. Tenho estado em contato com o vice-presidente, o secretário da defesa, o grupo da segurança nacional e com o meu gabinete.

Temos tomado todas as precauções de segurança apropriadas para proteger o povo americano. Nossos militares aqui ou no mundo estão em alerta máximo e tomamos os cuidados necessários para a segurança da continuidade de nosso governo. Temos estado em contato com os líderes do Congresso e com as autoridades do mundo no sentido de assegurar que nós faremos tudo que for necessário para proteger a América e os americanos. Peço ao povo da América que se junte a mim no agradecimento a todas as pessoas que têm lutado arduamente nos trabalhos de salvamento e atendimento às vítimas e aos seus familiares. Os alicerces de nossa grande nação estão sendo testados, mas não tenhamos dúvida: mostraremos ao mundo que passaremos por esta provação. Deus nos abençoe."

À noite, já na Casa Branca, Bush dirigiu-se à nação com outro discurso público transmitido ao mundo todo:

"Boa noite. Hoje nossos cidadãos, nosso estilo de vida, nossa verdadeira liberdade foram atingidos em uma série deliberada de ataques terroristas mortais. As vítimas estavam em aviões, em seus escritórios: secretárias, homens e mulheres de negócios, militares, trabalhadores federais, mães, pais, amigos e vizinhos. Milhares de vidas foram tolhidas pelo malvado, vil ato de terror. A imagem dos aviões voando na direção dos edifícios, o fogo, as enormes torres caindo nos encheram de descrença, tristeza e incontida raiva. Estes atos foram intencionais a fim de assustar a nação e levá-la ao caos e à retração. Mas eles falharam. Nosso país é forte. Um grande povo está motivado a defender sua grande nação. Um ataque terrorista pode sacudir as fundações de um grande edifício, mas não pode tocar nos fundamentos da América. Esses ataques podem derreter aços, mas não afetam o aço dos propósitos da América. A América foi atingida porque é o mais brilhante farol da liberdade e da oportunidade no mundo. E ninguém apagará essa luz. Hoje nossa nação viu o mal, o pior da natureza humana, e nós respondemos com o melhor da América, com o melhor dos nossos cuidados no resgate, com a atenção a estranhos e vizinhos que vieram para dar sangue e ajuda de todas as formas. Imediatamente depois do primeiro ataque, eu exigi um plano governamental de respostas. Nosso poder militar é grande e está preparado. Nosso grupo de emergência está trabalhando na cidade de Nova York e em Washington D. C. para socorrer nos esforços de salvamento locais. Nossa prioridade é ajudar aqueles que foram feridos e tomar todas as precauções para proteger de ataques nossos cidadãos em casa e no mundo todo. O funcionamento do governo continua sem interrupção. As agências em Washington que foram evacuadas hoje estão reabertas com o pessoal de trabalho hoje à noite e amanhã. Nossas instituições financeiras continuam fortes e a economia também estará em funcionamento normal. As buscas continuarão para saber quem estava por traz dos atos maldosos. Eu mesmo estou acompanhando as investigações do serviço de inteligência para apurar os responsáveis e forçar o enquadramento legal. Não faremos distinção entre os terroristas e aqueles que trabalharam para eles. Agradeço muito aos membros do Congresso que me apóiam com determinação, condenando os ataques. Em nome do povo americano, eu agradeço aos chefes de estado do mundo todo pelas condolências e assistência. A América, amigos e aliados se unem a todos que querem a paz e a segurança do mundo e estamos juntos para vencer a guerra contra o terrorismo. Esta noite peço preces pelos aflitos, pelas crianças cujas palavras foram abafadas, e por todos cuja segurança e estabilidade foram atacadas. E rezo para que eles achem conforto em um poder maior que nós e evocando o Salmo 23: 'Mesmo que eu caminhe por um vale de sombras mortais, eu não sentirei medo do mal porque o Senhor estará comigo'. Este é um dia em que todos os americanos de todas as procedências estão unidos nos propósitos de busca de justiça e paz. A América abateu os inimigos antes e faremos isto outra vez. Nenhum de nós jamais esquecerá este dia e assim iremos longe para defender a liberdade e tudo de bom e justo para nosso mundo. Obrigado e que Deus salve a América".

Uma série de personalidades políticas, diretamente ligadas ao governo, prestaram esclarecimentos públicos sobre aquele dia 11 de setembro. Conhecido como o "czar do antiterrorismo", Richard A. Clarke assessorou os quatro últimos presidentes dos Estados Unidos: Reagan, Bush (pai), Clinton e Bush (filho). Considerado como a maior autoridade norte-americana em "contra-terrorismo", Clarke é também conhecido como especialista em al Qaeda e Osama bin Laden. Autor de um livro fundamental para o entendimento da política de Bush (filho) depois de 11 de setembro, em *Contra todos os inimigos (Against All Enemies)*, Clarke analisou os acontecimentos revelando ter sido pressionado a relacioná-los com o Iraque em vez de vinculá-los a bin Laden e à al Qaeda, que, a seu ver, seriam os responsáveis diretos pelos atentados. Testemunha privilegiada dos fatos terroristas, de dentro da Casa Branca Clarke revelou que recebeu imediatamente ao primeiro ataque um comunicado de Lisa Gordon-Hagerty, Coordenadora do Centro de Controle, dizendo que um avião havia se chocado com uma das torres do WTC em Nova York e que ainda ouviu "até onde supunho, podemos esperar pelo pior". Enquanto Clarke dirigia-se para o escritório do vice-presidente, Dick Cheney, um outro chamado dizia que a segunda torre havia sido atingida e em complemento ouviu "agora sabemos de quem estamos falando". Diante do vice-presidente e de Condoleezza Rice, conselheira presidencial para a segurança, disse Clarke, taxativamente: "é a al Qaeda que costuma fazer ataques simultâneos", ao que ouviu de Condi (apelido da Sra. Rice), com quem já havia discutido a possibilidade iminente de um ataque: "ok, Dick, você é o gerente desta crise. O que recomenda?". Uma série de medidas foi tomada, mas três mereceram atenção especial: 1 – a ordem de descida de todas as aeronaves no ar, que eram cerca de 4.400, e a proibição de levantar novos vôos, 2 – a recomendação para que o presidente, que estava na Flórida, não revelasse seu paradeiro e 3 – evacuação da Casa Branca.

As principais idéias de Clarke, na seqüência dos ataques, foram descritas por ele da seguinte forma:

• Este foi o maior ataque da al Qaeda e foi mais conseqüente de que qualquer outro ataque não nuclear e mais grave que qualquer coisa imaginável. Com a queda das torres, o número de mortes poderia ser entre 10 mil e 50 mil. Ninguém sabe. E não é tudo, eu continuo ouvindo a frase de Marlon Brando no filme *Apocalipse Now*: "é o horror, é o horror!";

• agora, finalmente, podemos bombardear os acampamentos e provavelmente invadir o Afeganistão, pois está claro que bin Laden e os seus comandantes não estariam lá. De fato, os acampamentos agora devem estar tão vazios quanto a Casa Branca. Nós podemos iniciar um longo combate contra a al Qaeda sem oposição. Mas, mesmo assim, era muito tarde, pois eles provaram que a superpotência (Estados Unidos) era vulnerável, eles foram espertos e mataram centenas;

• as retaliações deveriam sair como jatos de água dos bombeiros. Não resta tempo para pensar muito. Não agora. Nós devemos nos mover rapidamente. Outros ataques devem estar em andamento e temos que pará-los. O país está chocado. Os governantes em geral deixaram Washington. O país precisa renascer. Precisamos achar nosso caminho.

Essas reflexões terminaram com a seguinte conclusão de Clarke, que depois se demitiu do posto, inconformado com os equívocos da operação que se seguiu:

> "A administração (Bush) perdeu a oportunidade de eliminar a al Qaeda... uma nova al Qaeda ressurgiu e está mais forte, em parte por causa de nossas ações ou da falta delas. A al Qaeda é agora mais poderosa do que aquela que conhecíamos antes do 11 de setembro, e nós não estamos fazendo o necessário para manter a América livre daquele perigo".

As declarações de Clarke, colocadas em paralelo às de Donald H. Rumsfeld a respeito de sua agenda horas antes dos eventos de 11 de setembro, causam perplexidade, pois até o entrevistador Larry King se disse chocado diante do que qualificou de "proféticas". No dia 5 de dezembro de 2001, o Secretário da Defesa dos Estados Unidos prestou a seguinte declaração a milhares de telespectadores. Eis os minutos finais desse encontro perturbador realizado no próprio Pentágono (tradução segundo o registro, sem edição):

> **KING:** Você estava aqui quando o Pentágono...
> **RUMSFELD:** Sim, eu estava.
> **KING:** E alguém disse-me que você falava a uma delegação do congresso...
> **RUMSFELD:** Aqui mesmo neste escritório.
> **KING:** ... neste escritório sobre terrorismo naquela manhã.
> **RUMSFELD:** Eu falava – era, tive um café matinal às 8 horas da manhã – que aproximadamente nos próximos dias... Quatro, seis, oito, dez ou doze meses, poderia acontecer

algo tão chocante que faria, outra vez, as pessoas se lembrarem quão importante é ter um saudável Departamento de Defesa que contribuísse – que assegurasse a paz e a estabilidade no mundo. E é isto (o Departamento de Defesa) que assegura paz e estabilidade. É de fato – nós não podemos ter saúde econômica e vida ativa se não tivermos paz e estabilidade no mundo. E eu disse isso para aquelas pessoas. E alguém veio e passou-me uma nota que dizia que um avião acabava de bater no World Trade Center. E nós interrompemos o encontro. Eu fui pegar meu informe da CIA na próxima porta daqui, quando todo o prédio sacudiu por 15 minutos. E era como um liquidificador.

KING: E o sr. correu na direção da fumaça?

RUMSFELD: Sim.

KING: Por quê?

RUMSFELD: Oh, meu deus, quem sabe? Eu queria ver o que tinha acontecido. Eu queria ver se alguém precisava de socorro. E fui até o andar de baixo, dei uma ajuda às pessoas. E depois voltei para cá e comecei a entender que tinha que agir.

KING: Eu sei que estamos acima do tempo permitido (pela emissora), mas Gary Hart disse-me que esperava – ele e a comissão – que previamente o senhor tinha dito que isto aconteceria. O senhor foi bem profético naquela manhã. Mas pode-se dizer que isto vai acontecer outra vez.

RUMSFELD: Bem, temos que reconhecer que estamos em um mundo perigoso e desgovernado. Existe muita arma letal e há muita gente capaz de causar enorme perigo. E temos que estar vigilantes. Temos que estar atentos para ver em que investir e que tipo de perigo podemos enfrentar e deter e onde será necessário atuar.

KING: Mas isto é trabalho constante.

RUMSFELD: É. É.

KING: Obrigado como sempre.

RUMSFELD: Obrigado. Gostei muito.

Ainda falando sobre o posicionamento de personalidades norte-americanas, há mais um depoimento que não pode faltar em uma lista que busca contemplar o momento dos acontecimentos. Por coincidência, Lyndon LaRouche, futuro candidato do Partido Democrata às eleições presidenciais de 2004, dava uma entrevista à radio Ktkk-am de Salt Lake City. Eis a sua versão instantânea gravada na entrevista (note-se a diferença de fuso horário entre os estados norte-americanos de Utah e Nova York):

"Locutor: este é o programa radiofônico de Jack Stockwell. Para falar com ele, ligue 254-5855; agora a voz do próprio senso comum e sensibilidade, Jack Stockwell;

JS: bom dia para todos; são 7h05, dia 11 de setembro de 2001. Meu nome é Jack Stockwell; aqui estarei por duas horas, nesta manhã. O convidado de hoje, em '10 minutos', é Lyndon LaRouche, já pré-anunciado candidato às eleições de 2004 pelo Partido Democrata. Tenho apresentado o pessoal de LaRouche neste programa por exigência pública, bem como por interesse meu, há vários anos. Ocasionalmente, temos o próprio LaRouche aqui, o que conseguimos nesta manhã. Será nosso convidado a partir das 7h15. Temos vários assuntos para conversar com ele, o que farei por algum tempo e, depois, temos o prazer em receber suas ligações. Estou aqui olhando... dois aviões atingiram o World Trade Center? Bem, estou olhando na internet, na MSNBC, há um *link* na primeira... Está brincando? Um segundo avião atingiu a torre. Não está confirmado, só ouvimos. Pela foto que vejo, posso dizer que há vítimas; são todas vítimas, vejam a foto: a fumaça está saindo do topo do prédio. São ataques terroristas? Achamos que sim; é uma foto explosiva. Se vocês tiverem acesso à internet, digitem www.msnbc; vejamos, na *home page*, procurem "New York Disaster Witnesses, Plane Crashes into the WTC". Veja, Josh, *link* ali, vá para a foto do edifício. Olhe o enorme buraco vazio, a 5-6 andares do topo, e a fumaça cobrindo todo o edifício. Deve ser um ataque terrorista. Alguém acabou de ligar e dizer que houve um segundo? Exatamente quando alguém falava, outro avião bateu nele?...

A entrevista foi interrompida com longa descrição do acontecimento até o ponto em que o entrevistado voltou à cena e logicamente começou a comentar o fato.

JS: Mas, agora com o que acaba de acontecer em Nova York, com esse... sabe, interessante, ontem recebi – acho que foi ontem – um pacote de panfletos de sua organização, em Leesburg, que leio regularmente no escritório, alertando sobre ataques terroristas nos EUA, em breve.

LL: Sim.

JS: E aqui, na manhã em que o temos no programa, acontece isto em Nova York, no WTC. Não sei se você viu a reportagem na televisão.

LL: Ainda não; estava trabalhando e ouvi a respeito antes de telefonar para você.

JS: Sim, a fumaça sai de uma das torres. Minha esposa acabou de me ligar. Aparentemente, conseguiram filmar ao vivo o segundo jato atingindo a outra torre.

LL: Obviamente, isto não é um acidente.

JS: Não, não creio que seja.

LL. Quero dizer, não é coincidência. Obviamente... é uma probabilidade tão remota que deve haver uma intenção nisso.

JS: Bem, uma coisa é alguém vestir uma jaqueta com dinamite e entrar numa lanchonete no centro de Jerusalém. Outra é entrar num jato e bater num edifício como aquele.

LL: O que se deve ver é o contexto em que ocorre, são duas coisas: primeiro, a suspeita que surge primeiro é Osama bin Laden. Ele cresceu em importância, seja como suspeita ou só como suposição.

JS: Certamente.

LL: E a segunda, relacionada com a primeira, é o festival planejado... realmente um festival terrorista em Washington.

JS: No fim do mês.

LL: Sim. Há um processo global. Veja, o sistema financeiro está quebrado. Isto é sempre perigoso, porque, quando o sistema inteiro está sendo sacudido da forma atual pelo

> colapso financeiro, eventos políticos acontecem, porque várias pessoas tentam interferir e orquestrá-los com intervenções espetaculares, que mudarão, digamos, tirarão a atenção pública de algo e a dirigirão para outro. É obviamente... quero dizer, eu concluo que as circunstâncias dizem que há algo muito ruim por trás disso. Não sei o que, mas ambos estão conectados, porque sei que os irmãos Goldsmith – por exemplo Jimmy Goldsmith foi essencial na criação – agora, ele está morto – de bin Laden e pessoas como ele, o Taliban etc. Ao mesmo tempo, seu irmão Teddy, que está muito vivo, é um padrinho espiritual do movimento que planeja inundar Washington com bandos muito ruins no fim do mês (na conferência anual conjunta do Fundo Monetário Internacional e do Banco Mundial, que acabaria cancelada).

A longa entrevista salienta a inexplicável falha no controle aéreo e aponta para uma série de evidências que poderiam ter sido previstas, como demonstrou depois o importante relatório de mais de 500 páginas de investigação feito pela "Comissão do Senado", que apontou, no mês de julho de 2004, "dez chances desperdiçadas para detectar ataques".

É grande a lista de manifestações de autoridades do mundo todo em favor dos Estados Unidos. Aliás, esse foi um dos momentos mais memoráveis de solidariedade humana e pode-se dizer que jamais outro fato teve tanta sonoridade internacional. Mesmo os países de governo islâmico se manifestaram prestando apoio às vítimas. Eis algumas destas declarações:

O Papa João Paulo II classificou o ato terrorista como "horror indizível". O pontífice, dirigindo-se ao presidente Bush, disse que "apresso-me para expressar ao senhor e aos demais cidadãos meus profundos sentimentos e minhas condolências e estarei rezando por sua nação". Referindo-se aos Estados Unidos, na pregação dominical que faz toda semana, na Praça de São Pedro, João Paulo II disse: "Aqueles que acreditam em Deus sabem que o mal e a morte não são o fim".

O primeiro-ministro, Tony Blair, do Reino Unido, expressou o repúdio e as condolências ao presidente George W. Bush, afirmando que "aconteceu o mais terrível ataque nos Estados Unidos poucas horas atrás". Blair disse: "Nós podemos apenas imaginar o terror e a carnificina que resultou na morte de muitos inocentes." Este ato, segundo Blair, foi "perpetrado por fanáticos que se mostram indiferentes à dignidade da vida humana, e nós, os democratas do mundo, teremos que estar unidos para a luta de erradicação deste mal do mundo".

A autoridade máxima de Israel, o primeiro-ministro Ariel Sharon, disse aos norte-americanos que "nossos corações estão com vocês e estamos prontos para prestar toda a assistência a qualquer momento". Israel, aliás, declarou a quarta-feira seguinte ao ataque um dia de luto e preparou um banco de sangue para os feridos e, em uma frase, definiu o que depois seria uma espécie de mote para o presidente Bush: "Esta é uma guerra entre o bem e o mal, entre a humanidade e os sanguinários" e completou: "Este acontecimento será um divisor na guerra internacional contra o terror".

O Secretário Geral das Nações Unidas, Kofi Annan, declarou que "não há dúvida de que este ataque foi um ato de terrorismo deliberado, cuidadosamente planejado e coordenado, e como tal eu o condeno completamente. O terrorismo tem que ser resolutamente combatido onde apareça". O presidente da Palestina, Yasser Arafat, afirmou ter mandado ao presidente Bush suas "condolências e as do povo palestino ao povo dos Estados Unidos por este terrível ato". Arafat disse aos jornalistas em Gaza que "nós condenamos completamente essa operação (o ataque) e estamos completamente chocados: é inacreditável, inacreditável, inacreditável", declarou Arafat, visivelmente transtornado.

O xeque Ahmed Yassin, militante islâmico responsável por uma série de suicídios promovidos pelo grupo militante Hamas, em Israel, disse que não estava interessado em exportar este tipo de ataque aos Estados Unidos: "Nós não estamos preparados para mudar o eixo de nossa luta além dos territórios ocupados da Palestina. Não estamos preparados para abrir nossas fronteiras, ainda que critiquemos a política norte-americana", disse Yassin aos jornalistas em Gaza.

O presidente Mohammad Khatami, do Irã, moderado que luta contra os extremistas islâmicos, expressou seus "profundos sentimentos e simpatia para com as vítimas" e disse "ser uma responsabilidade internacional exterminar o terrorismo".

No Brasil, o então presidenciável Luiz Inácio Lula da Silva declarou: "Desde a noite anterior aos atentados, nós, aqui no Brasil, já estávamos chocados pelo bárbaro assassinato do prefeito de Campinas (SP), Antônio da Costa Santos, o Toninho do PT. Não deixa de haver, na verdade, um nexo fundamental entre as duas tragédias: o terrorismo e a violência cega como meios inaceitáveis de ação política e o sacrifício igualmente inadmissível de vidas humanas. Os atentados de 11 de setembro merecem – e mereceram – repúdio absoluto e marcaram para sempre um momento trágico na história da humanidade. Com eles, um novo século se iniciou, recolocando questões essenciais para toda a humanidade: ou mais democracia e solidariedade globais ou o aumento da barbárie".

VÍTIMAS DIRETAS E INDIRETAS

Não seria errado dizer que, em um ato terrorista das proporções do 11 de setembro de 2001, politicamente, todos fomos vítimas. Por mais repetitivo que seja, o mundo não permaneceu o mesmo depois daquele fatídico dia. Nem poderia. Mas também se deve obedecer a um critério de conseqüências pessoais e, nessa linha, vale citar a seqüência de depoimentos que marcam a existência de sobreviventes, de parentes e pessoas que estavam na cidade.

Antes de mostrar alguns depoimentos, cabe lembrar que o desastre provocou também um debate ético importante. Já que seria incorreto usar as desgraças pessoais como meros argumentos políticos, muitos duvidam da eficácia da demonstração pública de imagens e histórias de seres envolvidos nas tragédias. Aliás, essas reflexões motivaram debates multiplicados na imprensa e, principalmente, entre pessoas atentas aos rumos da informação no mundo moderno. Um bom exemplo dos riscos da manipulação das imagens pode ser avaliado pela dramática foto do homem saltando, num ato de desespero, de uma das torres. Qual a moral desta foto? Na mesma linha questiona-se qual o fundamento da publicação das histórias? O avanço dessa discussão permitiu definir que pelo menos uma vantagem importante ocorre na exibição dessas fotos e histórias: o convite à reflexão e à consciência dos efeitos. O risco de banalização é grande, sabe-se, mas é relevante não esquecer.

As vítimas diretas estiveram em contato com os riscos imediatos, dentro dos prédios, aviões ou no rescaldo. Assim, além dos passageiros dos vôos, dos usuários e trabalhadores dos prédios atingidos, encontram-se também os bombeiros e voluntários. A *Newsweek* do dia 11 de setembro trouxe os seguintes relatos:

Michael Hingson, de 51 anos, um gerente de negócios, do 78º andar do WTC, assim que sentiu o choque, às 8h48, correu buscando saída, desceu todos os andares abaixo com mais sete funcionários. Ele lembra-se de desejar boa sorte aos bombeiros e demais ajudantes que encontrou no caminho, mas depois parou para pensar no destino daquelas pessoas: "Eles provavelmente sairão da forma mais difícil".

No 87º andar do WTC 1, Jason Braunstein, de 22 anos, tinha acabado de tomar o seu café da manhã, quando notou que o edifício estava sacudindo, tremendo, mexendo. As torres foram planejadas para moverem-se até cinco metros em cada direção e estavam mesmo se mexendo. "Você poderia sentir isto", pensou. Quando Braunstein conseguiu descer os 87 andares, já na rua viu que tudo estava uma loucura e assim disse: "Do lado de fora do prédio eu vi coisas que ninguém seria capaz de imaginar, coisas das quais não tenho coragem de falar: partes de corpos, pedaços humanos".

Joshua Fifer, de 21 anos, estudante que mora próximo ao WTC, olhava atônito a tragédia do teto de seu prédio, que, contudo, foi evacuado antes que ele conseguisse colocar os sapatos. E foi descalço conduzido à Broadway. "Eu vi pelo menos sete pessoas se jogando do prédio, fugindo das chamas. Pude ver pessoas se atirando diretamente sem nenhum amparo. Foi a pior coisa que vi em toda a minha vida".

Jim Pesomen, de 46 anos, estava no WTC 1, no 81º andar, quando o primeiro avião bateu. Ele estava também no mesmo prédio quando houve o ataque de 1993, só que naquela ocasião no 34º andar. "Eu posso dizer que este (ataque) fez o primeiro parecer uma simples batida de liquidificador. A parte mais incrível (de hoje) foi ver os bombeiros saindo do prédio enquanto ele caía. Isto foi mesmo incrível. Aquelas pessoas! Vou lhes contar, eles tiveram uma coragem! Para fazer o que fizeram, sabendo o que sabiam, eles foram heróis".

Por volta das 11 horas, o bombeiro Claude Kebbe disse: "Os caras que estavam dentro... eu não ouvi um som faz uma hora, então eu duvido que alguém mais tenha saído... é impossível agora saber por onde começar. Imagine o quadro de um grande terremoto. É o que parecia naquela hora".

Cerca de meia-noite, um grupo de 10 a 12 cães cheirava os destroços do WTC. Eles vagavam pelo Centro Financeiro, passando por lojas vazias e paredes caídas iluminadas apenas por lanternas. No alto de um monte de entulho, alguém estendeu uma faixa: MORTE AOS BASTARDOS (referindo-se aos atacantes).

Uma das descrições mais detalhadas e emocionantes foi a de Stanley Praimnat, que publicou, com edição de *Dan Van Veen*, no *Assemblies of God News Service*, um testemunho filtrado pela percepção evangélica do emocionante salvamento do 81º andar do WTC. Eis parte de sua história:

> "Por alguma razão particular, eu dediquei a Deus um pouco mais de mim mesmo naquela manhã durante a oração"... Quando Stanley chegou à Torre 2 do WTC, tomou o elevador para chegar ao seu escritório no 81º andar, pois, como ele disse: "Trabalho para o Banco Fuji, sou assistente do vice-presidente do departamento de operações de crédito". Stanley cumprimentou Delise, uma mulher que tinha chegado pouco antes dele. Depois de uma conversa rápida, ele dirigiu-se à sua mesa, pegou o telefone e começou a ouvir os recados gravados em sua secretária eletrônica. "Como estava de pé ouvindo as mensagens, eu estava olhando para o outro prédio, a Torre 1 do WTC, e vi fogo caindo do topo do prédio, mas, como o prédio todo é circundado por vidro, você pode ficar em pé e ver todos os prédios em volta, aviões e tudo o que voa na mesma altitude", mas Stanley viu bolas de fogo caindo, e sua primeira reação foi pensar em seu chefe que trabalhava naquele prédio. Ele então

decidiu ligar para o telefone dele para ver se estava tudo bem. "Eu disquei seu número e não obtive resposta. Então, disse à Delise: 'Vamos, rápido, vamos sair daqui!'." Delise e Stanley pegaram o elevador e desceram até o 78º andar. Algumas outras pessoas entraram no elevador também. "Assim que chegamos ao térreo, o guarda de segurança parou-nos e perguntou: 'Onde vocês estão indo?'." Stanley explicou que tinha visto fogo na Torre 1. De acordo com Stanley, o guarda disse: "Oh, isso é só um acidente. A Torre 2 é segura. Voltem para os seus escritórios". Eles voltaram para o seu destino fatal. Fora Stanley, Delise foi a única do grupo que sobreviveu. Stanley, voltou para o seu escritório, mas antes disse à Delise que, devido aos acontecimentos, fosse para casa e descansasse. Os demais voltaram para seus escritórios e Stanley ficou no 81º. Quando Stanley chegou ao seu escritório, o telefone estava tocando e era alguém de Chicago querendo saber se eu estava vendo as notícias na TV. Stanley disse à pessoa: "Está tudo certo", mas nem tudo estava ok – longe disso. Enquanto Stanley estava falando, olhou para fora e viu o avião do vôo 175 da United Airlines vindo em sua direção. "Tudo o que eu pude ver era um grande avião, com letras vermelhas nas asas, caindo em cima de mim, mas, tudo isso parecia estar acontecendo em câmara-lenta." O avião parecia estar a 100 jardas de distância e ele então disse: "Senhor, toma o controle, eu não posso ajudar a mim mesmo aqui" e então agachou-se em baixo de sua mesa, onde estava o seu testamento [Bíblia]. "Sabia, sem sombra de dúvida, que o Senhor estava cuidando de mim". Assim que ele se colocou em posição fetal embaixo da mesa, o avião invadiu o prédio e explodiu. Miraculosamente, Stanley não estava ferido. No entanto, ele podia ver a asa do avião em chamas na porta do seu departamento. Ele sabia que precisava sair do seu escritório e do prédio o mais rápido possível. Mas ele estava preso sob os escombros que haviam caído sobre suas costas. "Senhor, tu tens o controle, este problema é seu agora", lembrou em oração. "Eu não sei de onde eu consegui esta força, mas o bom Deus, Ele me deu um poder e uma força tão grande em meu corpo que eu consegui afastar tudo que me prendia. Eu me senti como o homem mais forte da terra". Apesar disso, Stanley pedia ao Senhor para guardar a sua vida. "Eu estava chorando e orando: 'Senhor, eu tenho coisas para fazer. Eu quero ver minha família. Senhor, ajuda-me!'." O escritório de Stanley parecia uma zona de batalha – paredes caídas, equipamentos destruídos violentamente e chamas ardendo sobre tudo aquilo. "Tudo que eu tentava usar [para sair] estava estragado e eu comecei a fraquejar, eu estava me machucando, mas eu disse: 'Senhor, eu tenho de ir para casa e eu vou fazer isso! Você tem de me ajudar'." De repente, Stanley viu a luz de uma lanterna. "Por um momento, pensei: 'Qual a chance de alguém carregar uma lanterna neste andar?' Minha primeira reação foi: 'Este é meu anjo da guarda – meu Senhor enviou alguém para me salvar!'."

Stanley começou a gritar: "Vejo a luz. Eu vejo a luz!", mas, depois de tentar desesperadamente, ele não conseguiu sair – todos os caminhos que existiam estavam bloqueados e seu 'anjo da guarda' não conseguia chegar até ele – uma parede estava entre ele e as escadas. "Ele não podia chegar até mim e eu não conseguia chegar até ele, e nesse momento eu comecei a tossir." E Stanley continuou: "Eu não sei se era enxofre ou o que [combustível do avião queimando, provavelmente], mas eu conseguia sentir essa coisa. Eu caí de joelhos e disse: 'Senhor, ajude-me! Tu tens de me levar para longe daqui, ajude-me a chegar às escadas'." Então Stanley fez algo surpreendente. Enquanto orava de joelhos, ele chamou o homem que estava atrás da parede: "Há uma coisa que eu gostaria de saber, você conhece Jesus?" O homem respondeu que ia à igreja todos os domingos. Então eles oraram juntos para conseguirem quebrar a parede. "Eu me levantei e senti um poder vir sobre mim", disse Stanley. "Eu senti como se uma pele grossa me cobrisse o corpo e eu estava tremendo. Eu disse à parede: 'Você não pode resistir a mim e ao meu Senhor'." Momentos depois, ele conseguiu abrir um buraco na parede e, com a ajuda do outro homem, conseguiu passar para o outro lado da parede. "O homem me abraçou, me deu um beijo e disse: 'De hoje em diante você é meu irmão para toda a vida'." Mas o perigo não tinha acabado. O homem do outro lado da parede, que disse chamar-se Brian, era um homem de idade e eles ainda tinham 81 andares para descer, com o

> prédio em chamas e, sem eles saberem, ameaçando desabar. "Nós começamos a descer e em cada andar nós parávamos para ver se havia alguém lá, mas não achamos ninguém, exceto um homem que estava em um dos andares e que estava ferido e ensangüentado". Stanley pediu para ajudar o homem, mas um segurança disse que era melhor pedir para alguém subir e resgatá-lo. Quando eles finalmente chegaram ao térreo, somente os bombeiros estavam lá. "Eles estavam gritando: 'Corram! corram! corram!' Eles nos mandavam correr para longe, mas não se preocuparam consigo mesmos." Stanley e Brian correram para longe da construção cercada pelo fogo. Encharcados por causa dos sistemas antiincêndio do prédio, eles deram as mãos e correram através das chamas para a segurança da Igreja da Trindade, a duas quadras de distância. "Eu queria ir à igreja para agradecer a Deus", Stanley explicou, "mas, logo que nós chegamos ao portão da igreja, o prédio [WTC 2] desabou."

A revista *Veja* de 11 de setembro de 2002, entre outras histórias de sobreviventes, registra uma que se tornou conhecida devido a uma foto famosa. Marcy Borders, então com 28 anos, foi fotografada coberta de pó e por isso foi chamada de "dama da poeira". Sua história é interessante, porque, quando o primeiro avião bateu, ela estava usando uma máquina xerox no 81º andar, e sobre sua fuga disse: "A única coisa que me veio à cabeça foi que eu tinha que sair dali". Depois de uma hora e meia de desespero conseguiu chegar ao solo exatamente no momento em que o prédio desabava e, devido a isso, foi coberta pela poeira. Assim descreveu esse momento: "Pensei: 'Meu Deus, estou morta!", mas foi resgatada por pessoas que estavam ao lado. Afirmou que não quer mais trabalhar em Manhattan.

No mesmo número da revista, uma entrevista com um bombeiro sobrevivente, Daniel Daly, de 54 anos, mostra a intensidade do drama. Eis suas declarações em face da pergunta "O que mais chocou?": "Fiquei dois meses inteiros escavando os destroços dos prédios com minha equipe, de seis pessoas. Passei semanas sem encontrar um pedaço de vidro, de cimento, porque tudo havia sido pulverizado. No início, tinha a esperança de achar sobreviventes. Só encontrei mortos. Três deles com o corpo intacto. Os outros, uns cinqüenta, estavam aos pedaços... Um dia vi a mão de uma mulher no meio da sujeira. Ela usava uma aliança, devia ter marido, talvez filhos. Aquilo era tão real, tão assustadoramente real, que nunca vou conseguir apagar da memória".

Em Nova York entrevistei vários brasileiros sobre os acidentes de 11 de setembro. Duas histórias chamaram a atenção e fazem parte do livro *Brasil fora de si*. A primeira delas é de Jaime B. Brandão, um carioca que vive na cidade há mais de dez anos. O inusitado de sua aventura é que fazia aniversário naquele dia e assim narrou os acontecimentos:

> Fazia dez anos que estava nos Estados Unidos quando aconteceu o atentado, no dia de meu aniversário... Faz dez

> anos que estou sem ver a minha família, minha mãe, amigos que deixei... Eu estava dormindo no dia 11 de setembro quando fui acordado com um chamado telefônico. Era uma amiga que, ao mesmo tempo em que me cumprimentava pela data, nervosa dizia para eu ligar a televisão... Conversamos um pouco e eu olhava aquelas imagens malucas, sem saber bem o que pensar, se era verdade ou o que seria aquilo... A primeira torre já havia caído e a segunda estava atingida. Confesso que tenho um problema pela manhã quando acordo: não consigo me ligar muito, demoro algum tempo para ficar com o juízo normal... Então não entendia direito o que estava acontecendo, mas fui ficando angustiado e com os olhos pregados na televisão. Pensei logo em ligar para a minha família no Brasil e felizmente fiz isso assim que consegui organizar meu pensamento... Digo felizmente porque logo cortaram as ligações... Foi muito difícil falar com minha família, e minha irmã, meio desesperada, pedia para que voltasse, perguntava o que estava fazendo em Nova York, que meu lugar era no Brasil, enfim essas coisas... Esse telefonema foi mesmo como um capítulo de telenovela mexicana... Quando liguei, meus parentes no Brasil já sabiam do acontecido e estavam grudados na televisão...

O outro caso, de maior suspense, trata da história de Elias Araújo Dias, mineiro de Cachoeira Torta, há 15 anos em Nova York, onde trabalhava esporadicamente em uma das Torres do WTC. Assim contou como escapou do ataque:

Fui salvo por causa de um atraso, pois trabalho para uma firma que repõe plantas e uma das minhas tarefas era cuidar das plantas de um escritório que ficava no World Trade Center... Como sou muito cuidadoso e gosto de tudo arrumadinho, tratei de deixar tudo acertado para a minha saída de férias, que começava exatamente no dia 11 de setembro... Estava tudo ok para eu passar os detalhes para a pessoa que ia me substituir e, então, conforme o combinado, eu estaria antes das 9 horas da manhã no escritório que ficava no 85º andar da Torre 1... Confesso que naquele dia eu estava com muita preguiça... muita... e acabei me atrasando... De qualquer forma, peguei o trem na mesma estação de metrô de sempre e como sempre fui para o trabalho... De repente o trem parou... era uma estação antes do ponto final. Como os outros, eu fiquei sem saber o que havia acontecido e estava chateado, pois iria me atrasar ainda mais... fomos avisados que havia um acidente, mas ficamos uns 30 ou 40 minutos detidos... Só depois soubemos de tudo... Há dois pontos interessantes nessa história: um as minhas férias, outro o atraso... Fui salvo por causa de um atraso...

Em um balanço feito em 27 de agosto de 2002 e publicado pela *Folha de S.Paulo*, com o título "1º de setembro: sob nova perspectiva", Carlos Eduardo Lins da Silva avalia os temas derivados da tragédia e sua evolução na mídia. Segue uma síntese de suas palavras:

"O primeiro aniversário dos atentados terroristas contra o Pentágono e o World Trade Center, no próximo dia 11, já está provocando nova enxurrada de produtos culturais. A primeira reação foi, justificadamente, de espanto e comoção .... No princípio, a cobertura jornalística pelos meios de comunicação americanos foi surpreendentemente comedida e acrítica. Havia um clima de religiosidade, em que qualquer ação que sugerisse obtenção de lucro à custa da desgraça coletiva seria condenada como profana. Evitou-se a divulgação de imagens que pudessem ser consideradas chocantes demais, suspenderam-se durante dias os anúncios comerciais e os programas não jornalísticos, instalou-se uma vigília eletrônica nacional, em que todos falavam em voz baixa e escreviam em tom respeitoso ... Passada a estupefação inicial, vieram as primeiras reflexões conscientes, e elas foram compreensivelmente primárias e rasas ... Passados alguns dias, os pruridos comerciais se esvaneceram e as bancas de jornal e livrarias começaram a se encher de revistas e livros preparados para exaltar o nacionalismo chauvinista e o heroísmo dos bombeiros de Nova York, explorar a comoção nacional e reafirmar a confiança no futuro do país... À medida que o tempo passa, a qualidade da produção intelectual a respeito do 11 de setembro se eleva. Em grande parte apenas porque mais fatos tornam-se disponíveis e permitem elucidar pontos que estavam obscuros. Também porque o arrefecimento dos instintos patrióticos de autodefesa da comunidade universitária e jornalística americanas permitiu o renascimento, pelo menos parcial, do espírito crítico em relação ao assunto. Outra razão é que os autores passaram a delimitar melhor seu objeto de análise e, como quase sempre ocorre, quanto mais focado e menos genérico, melhor é o trabalho acadêmico ... O menor medo em relação à manifestação de discordância quanto à visão majoritária nos EUA provoca a edição de livros com textos críticos, como 'Beyond September 11: An Anthology of Dissent' (coordenado por Phil Scraton, London: Pluto Books, 2002), onde aparecem, entre os autores, os 'suspeitos' de sempre (como Noam Chomsky, o qual já havia, no calor da hora, publicado seu próprio livro de ensaios sobre o tema, chamado '9/11', em outubro do ano passado – com tradução em português da editora Bertrand Brasil), mas também pessoas não identificadas com a 'esquerda' no espectro ideológico da intelectualidade americana, como o jornalista Robert Fisk."

Reprodução

IMAGEM-SÍMBOLO

Escolher uma imagem entre cerca de um milhar equivale a aceitar o risco de julgamentos com chances de equívocos. São tantas as fotos, os fotógrafos, as alternativas de indicações de imagens que a escolha de uma única convoca a qualificação de parâmetros capazes de sustentar critérios: desde o início do primeiro vôo, ainda em terra, temos fotos importantes. Em pesquisas recém-mostradas, foram liberadas ao público, por exemplo, fotos das falhas do sistema de controle do aeroporto Dulles, em Washington D. C., onde os supostos terroristas teriam passado às revistas dos guardas. Estas poderiam ser escolhidas, mas acredita-se que, nesse caso, a parcela de representação no conjunto da tragédia seria pequena. Então como decidir de forma a atuar para uma escolha adequada, levando-se em conta que houve três espaços onde os resultados se fizeram presentes? Seria Washington D. C.? O campo na Pensilvânia? Ou Nova York? Por quê? Talvez os resultados fossem indicativos de escolhas que poderiam recair em fatores diversos como: onde morreram mais pessoas; onde houve maior número de fotos; onde a repercussão foi mais estridente. Qualquer resposta poderia ser convincente dependendo dos argumentos. A reunião de fatores, porém, fez de Nova York o espaço escolhido. Com isso abria-se outro debate: Como, quando e onde em Nova York? O primeiro choque. O segundo? A primeira queda. A segunda? Os prédios do WTC, a região, a cidade? Com vítimas ou sem elas? Em que momento: imediato ou dos dias seguintes? Por que não a limpeza da área, que, aliás, poderia ser usada para fins políticos significativos? Enfim, um turbilhão de alternativas se abriu. Diante da peremptória necessidade de escolha, valeu a imagem que retrata o momento exato em que a primeira torre começa a cair.

Feita a decisão sobre qual foto, cabe supor os detalhes formais desta. Trata-se de uma imagem feita na seqüência de muitas outras. A preocupação com o registro do momento, ao que parece, fez com que o fotógrafo não se preocupasse com um centro determinado e mantivesse no foco os dois edifícios, um atingido e outro no flagrante da queda. A abundância da fumaça determina um norte escuro e a outra metade da foto mantém-se clara. O céu azul manchado pela nuvem de poeira garante um ar trágico e ameaçador. A nitidez do registro deixa vislumbrar alguns detalhes, e a possibilidade de objetos voando serem corpos eleva a tensão revelada pela foto colorida. Não pode escapar o registro do ângulo tomado. O fato de ser "visto debaixo" com linhas paralelas que tenderiam a um infinito, que, contudo, é interrompido, transmite a sensação de quebra, reforçando a idéia de ruptura de uma lógica que convidava a uma seqüência de tempo eterno. Aliás, a manutenção momentânea da parte deslocada no sentido da queda é o traço mais dramático da composição. É ele que perturba o que deveria ser rotineiro e monumental. Cabe também salientar na zona clara a harmonia das linhas curvas sugeridas, levemente, pela vista do ângulo em que foi tomada. Nesse caso, o primeiro plano das minúsculas janelas que se arranjavam de maneira a dar a ilusão de curvas onde elas nunca existiram chega a impressionar pela magnitude do conjunto arquitetônico. E é evidente que a grandiosidade da obra destruída é parte da frustração causada pelo ataque.

Há, sem dúvida, alguns aspectos subjetivos importantes. Das cerca de mil fotografias pesquisadas, esta ganhou especial atenção pelo convite ao som. Parece mesmo que se consegue ouvir o barulho da explosão e os ruídos da queda. O movimento provocado pelo instantâneo é um fato inegável e apavorante. Ainda compondo uma série de fatores subjetivos, convém lembrar que essa imagem não está entre as mais conhecidas nem integra a infindável galeria constantemente exibida sobre o 11 de setembro. Mas ela deixa entrever uma relação quase misteriosa entre a pequenez de um fotógrafo que "estava lá" bem ao pé do monumental conjunto e sua fantasiosa indestrutibilidade.

Os dizeres da foto clamam por justificativas. Antes de mais nada, é de se questionar a necessidade de palavras para complementar ou mesmo simplesmente indicar algo que não fosse de registro arquivístico. Assim, o texto "A Torre Sul cai: sob a temperatura infernal de 2 mil graus, a Torre quebra e tomba no chão às 9h55. Minutos depois, às 10h29, a Torre Norte cai" mostra-se quase sem função, visto que os edifícios são conhecidos e a situação que os exibe é única. Pode-se mesmo dizer que o silêncio diante dessa foto seria mais conseqüente que qualquer outra expressão. Estamos perante uma imagem em que o uso de todos os sentidos é submetido à força da visão.

O LONGO "THE DAY AFTER"

Independentemente de qualquer outra versão, a insistência dos mesmos argumentos no correr dos últimos anos consagrou a responsabilidade da al Qaeda nos atos terroristas de 11 de setembro de 2001. Hoje, ainda que bin Laden nunca tenha assumido sua participação e mesmo mantendo-se evidências de outras versões, a opinião pública em geral assimilou a hipótese da liderança da al Qaeda e, nela, de bin Laden. É importante ressaltar que a figura exclusiva de bin Laden tem perdido sentido em face daquela organização terrorista como uma entidade política complexa, organizada e hoje de indiscutível alcance internacional. A aceitação deste pressuposto convida a pensar no significado dos atos terroristas que tinham Nova York e Washington D. C., como seus alvos preferenciais, mas que de certa forma acabou por envolver grande parte do mundo ocidental, que se viu premido a suportar invasões, guerras e suas conseqüências. Tudo em nome do combate ao terrorismo internacional. Assim, 11 de setembro de 2001 significou a um só tempo o limite máximo de investidas que cresceram em conseqüências e a abertura de uma nova era de combate/ataque aos supostos perpetradores. O 11 de setembro, portanto, foi uma virada, um ponto final e outro inaugural de tempos que determinam, politicamente, o fim do século XX e o início do XXI.

Pode-se, com chances de acerto, concordar com o estudioso do terrorismo internacional Peter Bergen, que diz que "bin Laden apresenta-se na atualidade como um líder ideológico, mas não controla mais as ações políticas da al Qaeda e suas facções". A força desse argumento decorre do advento de outros grupos que passam a atuar segundo os modelos propostos pela al Qaeda, mas que hoje superam seu raio de ação. Melhor apuração desses fatos exige que se coloque em questão a grave jornada de atos que sucederam ao fatídico 11 de setembro. Nesse sentido, perfilam acontecimentos, todos de 2003 e 2004, como:

1 – o carro-bomba que matou, juntamente com mais 22 pessoas, o brasileiro Sérgio Vieira de Mello, representante da ONU no Iraque, em agosto de 2003;
2 – o ataque de novembro de 2003, em Nassíria, contra as tropas italianas no Iraque;
3 – o ataque a duas sinagogas em Istambul, na Turquia, dias depois, e
4 – os terríveis ataques aos trens espanhóis no dia 11 de março de 2004, deixando cerca de 200 mortos e 500 feridos.

Recentemente, outras entidades, como a *Salafi Jihadia*, possivelmente um ramo marroquino da al Qaeda, e principamente as *Brigadas de Abu Hafs*, têm assumido a responsabilidade desses atos, e isso indica duas possibilidades: podem ser instituições desdobradas do modelo da al Qaeda ou mesmo ser uma estratégia do grupo de bin Laden, que precisa ostentar outros artifícios. A favor dessa hipótese, há um argumento forte que mostra um "estilo" na composição dos ataques que têm sempre como alvo a população civil surpreendida em sua rotina de trabalho; ações espetaculares e de repercussão extraordinária; além disso, os modos de anúncio dos eventos são os mesmos propagados pela al Qaeda: envio de mensagens de *e-mails* a jornais árabes britânicos; citações corânicas; bombas simultâneas em prédios ou veículos públicos; relações claras de oposição aos Estados Unidos.

Os Estados Unidos, particularmente sob a presidência de George W. Bush – que foi colocado no governo sob forte e fundamentada suspeita na vitória das eleições de 2000 – , manifestaram-se em uma política de defesa de conseqüências terríveis para o próprio país, que, progressivamente, exibe sua face xenofóbica, autoritária e isolacionista. Tudo acompanhado de forte apelo armamentista e de ostensivo poderio militar. Aliás, sob a alegação de vingança, depois do 11 de setembro, um nacionalismo estridente ajudou a convencer os políticos e o povo americano da necessidade da invasão do Afeganistão e da retomada da guerra contra o Iraque. Tudo tendo sempre a figura de bin Laden como o possível chefe terrorista. O mesmo impulso defensor, diga-se, serviu para justificar o fantasioso argumento de que o Iraque possuía armas químicas de destruição em massa.

De toda forma, para além das opiniões e debates polêmicos, uma coisa é definitiva: o mundo nunca mais foi o mesmo depois daquele 11 de setembro de 2001. O terrorismo como espetáculo fixou em nossas mentes o risco de viver sem diálogo e sob a pressão de relações que pensam resolver tudo com o poderio de armas.

BIBLIOGRAFIA

BARBASH, Tom. *On Top of the World*: Cantor Fitzgerald, Howard Lutnick and 9/11: a Story of Loss and Renewal. Harper Cillins Publishers, New York, 2003.

CHOSSUDOVSKY, Michael. *Guerra e Globalização: Antes e Depois de 11 de Setembro.* Editora Expressão Popular, São Paulo, 2003.

CLARKE, Richard. A. *Against All Enemies: Inside America's War.* Free Press, New York, 2004.

COMBS, Cindy C. e SLANN, Martin. *Encyclopedia of Terrorism.* Checkmark Books, New York, 2003.

ELDER, Larry. *Showdown: Confronting Bias, Lies, and Special Interests that Divide America.* St. Martin Press, New York, 2002.

EIR (Executive Intelligence Review), *Terror Contra o Estado Nacional.* EIR, Rio de Janeiro, 2001.

MOORE, Michael. *Cara Cadê o Meu País?* Francis/Abril, São Paulo, 2004.

SMITH, Dennis. *Report from Ground Zero.* Penguin Group, New York, 2002.

VON ESSEN, Thomas. *Strong of Heart: Life and Death in the Fire Department of New York.* Avon Books, New York, 2002.

ZIZEK, Slavoj. *Bem-vindo ao Deserto do Real: Cinco Ensaios sobre o 11 de Setembro e Datas Relacionadas.* Boitempo Editorial, São Paulo, 2003.

Sites sobre o 11 de setembro

- Associação de Imprensas Universitárias Norte-americanas
  http://www.aaupnet.org/news/bfu/september11.html
- Projeto Brookings sobre Terrorismo e Política Externa Norte-americana
  http://www.brook.edu/dybdocroot/terrorism/
- Centros de Informação da Coalizão Guerra Global contra o Terrorismo: Os Primeiros 100 Dias
  http://www.whitehouse.gov/news/releases/2001/12/100dayreport.pdf
- Federação de Cientistas Norte-americanos
  http://www.fas.org/terrorism/index.html
- Federação de Cientistas Norte-americanos – Programa de Recursos de Inteligência
  http://www.fas.org/irp/threat/terror.htm
- InterAction – Conselho Norte-americano de Ação Internacional Voluntária
  http://www.interaction.org
- Centro Internacional de Fotografia – Conseqüências na Fotografia Após 11 de Setembro
  http://www.icp.org/exhibitions/aftermath/events.html
- Bolsa de Recursos de Bibliotecas de Direito: Notícias e Recursos Legais sobre 11/9/2001
  http://www.llrx.com/newstand/wtc.htm
- Biblioteca do Congresso – Arquivo *web* sobre 11 de Setembro
  http://september11.archive.org/

- Biblioteca do Congresso – THOMAS: Informações sobre o Legislativo na Internet Legislação Relativa ao ataque de 11 de Setembro de 2001
  http://thomas.loc.gov/home/terrorleg.htm
- Meyerowitz, Joel "After September 11: Images from Ground Zero" (Após 11 de Setembro: Imagens do Ponto Zero financiado pelo Departamento de Estado dos Estados Unidos – Escritório de Assuntos Educacionais e Culturais)
  http://www.911exhibit.state.gov/index.cfm
- Museu da Cidade de Nova York – Museu Nacional Smithsoniano de História Norte-americana
  http://www.911history.net/
- Arquivo de Segurança Nacional – Livros de Pesquisa sobre 11 de Setembro – Leitores On-line sobre Terrorismo, Inteligência e a Próxima Guerra
  http://www.gwu.edu/~nsarchiv/NSAEBB/sept11/
- *New York Newsday* – Reconstrução da Cidade de Nova York
  http://www.newsday.com/other/special/ny-rebuilds-main.htmlstory
- Departamento da Defesa dos Estados Unidos – A Defesa dos Estados Unidos
  http://www.defendamerica.mil/
- Departamento da Defesa dos Estados Unidos –*Link* de Defesa
  http://defenselink.mil/

- Departamento de Estado dos Estados Unidos – Combate ao Terrorismo
  http://www.state.gov/s/ct/c4291.htm
- Departamento de Estado dos Estados Unidos – Diplomacia e a Campanha Global contra o Terrorismo
  http://www.state.gov/coalition/
- Departamento de Estado dos Estados Unidos – Recompensas pela Justiça
  http://www.rewardsforjustice.net/
- Departamento de Estado dos Estados Unidos – Escritório de Programas Internacionais de Informação Reação ao Terrorismo
  http://usinfo.state.gov/topical/pol/terror/
- *University of Chicago Press* – Os Dias Seguintes – Reflexões dos Autores
  http://www.press.uchicago.edu/News/daysafter.html
- Casa Branca – Reação dos Estados Unidos
  http://www.whitehouse.gov/response/
  - Casa Branca Conta o Desafio do Milênio – "Ajudando as Nações em Desenvolvimento"
- http://www.whitehouse.gov/infocus/developingnations/
- http://www.globalresearch.ca
- http://www.september11news.com/AboutUs.htm
- http://attacked911.tripod.com/
- http://nymetro.com/news/articles/wtc/gallery/6.htm

- http://www.klepsidra.net/klepsidra10/terrorismo12.html
- http://pbs.org/wgbh/pages/frontline/shows/binladen/who/
- http://www.gpoaccess.gov/911/index.html
- hppt://www.9-11commission.gov

DADOS SOBRE O AUTOR

José Carlos Sebe Bom Meihy é historiador, diretor do Núcleo de Estudos em História Oral/USP, autor, entre outros, de *Brasil fora de si: experiências de brasileiros em Nova York* (Parábola editorial, 2004) e de *Manual de História Oral* (Loyola, 5ª edição, 2005).

obra executada nas oficinas do
INSTITUTO BRASILEIRO DE EDIÇÕES PEDAGÓGICAS
Av. Alexandre Mackenzie, 619 - Jaguaré - SP - CEP 05322-000
Tel.: (11) 6099 7799 (PABX) - Caixa Postal 66.201 - São Paulo - Brasil
editoras@ibep-nacional.com.br